LOS MEJORES CHISTES CORTOS

Grupo ROBIN BOOK
Barcelona - México
Buenos Aires

SAMUEL RED
ILUSTRACIONES DE FERNANDO ACEVEDO QUERO

LOS MEJORES CHISTES CORTOS

humor
ROBIN BOOK

Si usted desea que le mantengamos informado de nuestras publicaciones, sólo tiene que remitirnos su nombre y dirección, indicando qué temas le interesan, y gustosamente complaceremos su petición.

Ediciones Robinbook
información bibliográfica
Industria, 11 (Pol. Ind. Buvisa)
08329 Teià (Barcelona)
e-mail: info@robinbook.com
www.robinbook.com

Diseño de cubierta: Regina Richling
Diseño de interior: Cifra
Realización: (sic) idea y creación editorial (www.sicidea.net)
ISBN: 978-84-7927-767-3
Depósito legal: B-33.913-2010
Impreso por Limpergraf, Mogoda, 29-31 (Can Salvatella), 08210 Barberà del Vallès

Impreso en España - *Printed in Spain*

ÍNDICE

La introducción de un libro de chistes cortos no puede ser larga…

ANIMALES

Dos perros van persiguiendo un taxi, y cuando llegan junto a él, uno le dice al otro:
—Te he dicho que ponía «libre». ¿Lo ves? Libre, no liebre.

*

—¿Qué piensa un pájaro cuando ve a su dueño leer el periódico?
—«¿Por qué estará él mirando la alfombra con tanto interés?»

*

—¿Sabes por qué los avestruces no tienen plumas en las patas?
—Porque corren que se las pelan.

*

—¿Le gustan los toros?
—Sí, desde luego.
—Pues tiene usted el mismo gusto que las vacas.

*

Un ratón bebé ve por primera vez un murciélago, y entra corriendo en su madriguera diciendo:
—¡Mamá, mamá, he visto un ángel!

*

—¿Qué hace un pájaro de ocho mil kilos en una rama?
—Caerse.

*

Un hombre le dice a otro:
—Mi gato es el más listo del mundo... Mira —el hombre hace que dispara—. ¡PUN! Estás muerto.
—Pero no ha hecho nada.
—Por eso digo que es tan listo: él sabe que no está muerto.

*

—¿Por qué los flamencos levantan una pata?
—Porque si levantaran las dos se caerían.

*

Los pollos son los únicos animales que se comen antes de nacer y después de muertos.

*

Un hombre entra en casa de otro, y ve un gran león disecado, ante el que comenta:
—¡Un ejemplar magnífico!
—Sí, lo cacé en un safari que hice con un amigo mío.
—¿Y de qué está relleno?
—Con mi amigo...

*

—¿Por qué los osos son grandes, marrones y peludos?
—Porque si fueran pequeños, blancos y sin pelo, serían huevos.

*

—¿Cuál es la parte del pájaro que tiene más plumas?
—La de fuera.

*

—Hace miles de años los gatos eran adorados como dioses. Y hoy en día siguen viviendo como si lo fueran.

*

Un hombre encuentra a su vecino cavando un agujero en el patio, y al preguntarle qué hace, el otro responde:
—Enterrando a mi pez.
—¿Y no es un agujero demasiado grande?
—Es que el pez está dentro de tu maldito gato.

*

Un hombre encuentra a un amigo al que no ve hace mucho, y le pregunta:
—¿Y cuántos sois en tu familia?
—Bueno, estamos mi mujer, yo, nuestros 3,8 hijos y nuestro pit bull.

*

—¿A qué se le llama inseminación artificial de una vaca?
—A que la vaca se quede embarazada por el ganadero y no por un toro.

*

—¿Qué es una babosa?
—Un caracol sin hogar.

*

—¿Para qué cruzó el pollo la carretera?
—Para llegar al otro lado.

*

Dos luciérnagas se enamoraron y decidieron casarse. El banquete fue una mierda, pero la ceremonia fue brillante.

*

—¿Qué le dice un jaguar a otro?
—¿Jaguar you?

*

Un hombre llega a casa antes de la hora habitual y encuentra a su mujer con el fontanero:
—¡Pero, María, ¿qué estás haciendo?!
—¿Ves? —le dice ella al fontanero—, te he dicho que no sabe lo que es el sexo.

*

Dos vacas están charlando, y una le pregunta a la otra:
—¿A ti no te preocupa esa historia de las vacas locas?
—En absoluto. Yo, soy un pollo.

*

—¿Qué tiene cuatro patas y un brazo?
—Un pit bull feliz.

*

Dos pulgas pretenden cruzar el salón de una casa, y una le pregunta a la otra:
—¿Quieres que vayamos andando, o cogemos el perro?

*

—¿Cómo hacen el amor los puercoespines?
—Con mucho, mucho cuidado.

*

—Doctor, doctor, no consigo dominarme. Enseguida pierdo los estribos y me pongo a insultar a todo el mundo.
—Está bien. Hábleme sobre el asunto.
—¿Y qué cree que estoy haciendo, pedazo de imbécil?

*

—¿Qué le pregunta un elefante a un hombre desnudo?
—¡¿Y con eso consigues respirar?!

*

Caperucita va andando por el bosque cuando se cruza con el lobo, que le dice:
—Hola, caperucita verde.
—Hola, lobo feroz daltónico.

*

—¿Qué es el lodo?
—Un pájado.

*

—¿Por qué los elefantes no utilizan ordenadores?
—Porque tienen miedo de los ratones.

*

Iba un ciempiés por el campo cuando pasó por encima de una pequeña raíz, y se tropezó, se tropezó, se tropezó, se tropezó…

*

Dos escarabajos peloteros están comiendo un caca de gamo, y uno dice:
—Mamá, ¿a ti te gustan los langostinos?
La madre escarabajo le pega una torta, y dice:
—Eso por hablar de porquerías cuando estamos comiendo.

*

—¿Qué tipo de cocodrilo anda por el Polo Norte?
—Uno perdido.

*

Un burro le dice a una burra:
—¿Quieres ir a dar una vuelta?.. Estoy aburrido.

*

—¿Cuál es el órgano reproductor del elefante?
—Las patas, porque si te pisa con una de ellas te jode vivo.

*

Una ratona ve a una amiga suya con su novio, que es un murciélago, y cuando se quedan a solas, le dice:
—Desde luego, tu novio es feísimo.
—Será feo, pero es piloto.

*

—¿Qué es un nido de babosas para un caracol?
—Una colonia nudista.

*

—¿Qué es lo último que se le pasa por la cabeza a un mosquito antes de estrellarse contra un parabrisas?
—Su culo.

*

Una elefanta y una hormiga van a una iglesia a hablar con el cura, y la elefante dice:
—Venimos porque queríamos casarnos.
Y la hormiga replica:
—Venimos porque «tenemos» que casarnos.

*

—¿Qué usa una elefanta como vibrador?
—A un epiléptico.

*

—¿Cuál es el único animal que sigue dando vueltas sin parar aun después de muerto?
—El pollo asado.

*

En una noche estrellada de verano, dos pulgas levantan la vista hacia el cielo y una dice:

—¿Tú crees que habrá vida en otros perros?

*

Una hormiga se despierta una mañana con una elefanta muerta a su lado, y dice:

—¡Vaya mierda de vida: una noche de pasión, y todo el resto de la vida para cavar una tumba!

*

Un murciélago ve que otro tiene toda la cara manchada de sangre, y le dice:

—Eh, ¿dónde te has pegado ese banquete de sangre?

—¿Ves esa pared de allí?

—Sí.

—Pues yo no la he visto.

*

Una tortuga se lanza desde una rama y se estrella contra el suelo. Vuelve a subir, se lanza de nuevo, y vuelve a estrellarse contra el suelo. Un gorrión le dice a otro:

—Ya está bien: o le dices tú que es adoptada, o se lo digo yo…

*

—¿Cuál es el animal que tiene entre tres y cuatro ojos?

—El Pi-ojo-

*

—¿Por qué los elefantes no hacen la mili?

—Porque tienen los pies planos.

*

—¿Cuál es el animal más viejo?

—El oso panda, porque todavía está en blanco y negro.

*

—¿Qué le dice una foca a un cuarto oscuro?

—Nos hace falta un foco, ¿eh?

*

Era un pollito tan listo, tan listo, tan listo, que en vez de decir ¡Pío!, decía: ¡3,141592O!

*

—¿Cuál es el pez que pasa más hambre?
—La pescadilla. Por eso está continuamente mordiéndose la cola.

*

Una pareja de patos tiene cinco patitos, y el padre dice:
—Para no olvidarnos de sus nombres, vamos a llamarles Pata, Peta, Pita, Pota y… y Lucrecia.

*

—¿Qué es de color verde y adora a las cerdas?
—La rana Gustavo.

*

—¿Cuál es el animal que tiene más dientes?
—El ratoncito Pérez.

*

n hombre le dice a otro:
-Me temo que mi gato ha matado a su perro.
-¡¿Pero cómo es posible, si mi perro es un doberman de guardia?!
-Es que mi gato es hidráulico.

*

—¿Adónde van las ranas de vacaciones?

—A Croacia.

*

—¿Cuál es el animal que pone los huevos más gordos?
—La abeja... ¡No veas cómo se te ponen los huevos si te los pica!

*

—¿Qué le dice una cobaya de laboratorio a otra?
—Este botón de aquí es para llamar al servicio de comidas...

*

Un caracol le pregunta a Dios:
—¿Por qué me pusiste de nombre caracol?
—Porque cuando te creé estabas descansando sobre una col.
—Ah, ya entiendo: y la babosa que tiene el hombre entre las piernas estaba enc ma de un ajo, ¿verdad?

*

—¿Qué le dice una pulga a otra cuando ve pasar un perro?
—Te dejo, que ahí viene mi perro.

*

—Un cerdo y una gallina nacen en el mismo día. Después de un año, ¿quién es mayor de los dos?
—La gallina, porque tiene un año y pico.

*

—¿Qué le dice una iguana gangosa a otra?
—Tú y yo somos iguanitas.

*

—¿Cómo es el amor entre dos chinches?
—Chinchero.

*

Un caracol al que ha atropellado una tortuga se despierta en el hospital, y su mujer pregunta:
—¿Cómo ocurrió?
—No sé. Fue todo tan rápido...

* * *

BOMBILLA

—¿Cuántos psicólogos hacen falta para cambiar una bombilla?
—Sólo uno, pero siempre que la bombilla desee realmente cambiar.

*

—¿Cuántos fisioterapeutas hacen falta para cambiar una bombilla?
—Sólo uno, pero necesitará hacerlo en treinta sesiones.

*

—¿Cuántos pescadores hacen falta para cambiar una bombilla?
—Por lo menos cincuenta, ¡porque tenías que haber visto lo enorme que era esa bombilla...!

*

—¿Cuántos heterosexuales franceses hacen falta para cambiar una bombilla?
—Los dos.

*

—¿Cuántos pesimistas hacen falta para cambiar una bombilla?
—Ninguno. ¿Para qué cambiarla, si va acabar fundiéndose de todos modos?

*

—¿Cuántos catalanes hacen falta para cambiar una bombilla?
—Bueno, no se está tan mal en la oscuridad...

*

—¿Cuántos cristianos hacen falta para cambiar una bombilla?
—Tres, que en realidad son una sola persona.

*

—¿Cuántos gitanos hacen falta para cambiar una bombilla?
—Eh, ¡¿dónde está la bombilla?!

*

—¿Cuántos anti-abortistas hacen falta para cambiar una bombilla?
—Cinco: uno para cambiarla, y cuatro más para dar testimonio de que la bombilla ya era una bombilla antes de estar puesta.

*

—¿Cuántas feministas hacen falta para cambiar una bombilla?
—Diez, que no paran de repetirse ¿Para qué nos hace falta aquí un hombre?

*

—¿Cuántos belgas hacen falta para cambiar una bombilla?
—Ninguno. Es más divertido encontrar a los niños a oscuras.

*

—¿Cuántas personas aburridas hacen falta para cambiar una bombilla?
—Una. Y ya es de sobra.

*

—¿Cuántos funcionarios hacen falta para cambiar una bombilla?
—Doscientos: uno para cambiarla, y 199 para rellenar el papeleo correspondiente.

*

—¿Cuántos pigmeos hacen falta para cambiar una bombilla?
—Tres, si el techo no está muy alto.

*

—¿Cuántos hombres divorciados hacen falta para cambiar una bombilla?
—No les hace falta; ellos nunca se quedan con la casa.

*

—¿Cuántos cantantes folk hacen falta para cambiar una bombilla?

—Dos: uno para cambiarla, y otro para escribir una canción sobre la buena vieja bombilla.

*

—¿Cuántos directores de cine hacen falta para cambiar una bombilla?
—Uno. Pero querrá cambiarla veinte veces, hasta quedar satisfecho.

*

—¿Cuántos machistas hacen falta para cambiar una bombilla?
—Ninguno… Ya la cambiará ella cuando termine de fregar los platos.

*

—¿Cuántos necrófilos hacen falta para cambiar una bombilla?
—Ninguno. Ellos prefieren las cosas que ya no funcionan.

*

—¿Cuántos madrileños hacen falta para cambiar una bombilla?
—¿Y a ti qué coño te importa?

*

—¿Cuántos vascos hacen falta para cambiar una bombilla?
—300: uno para cambiarla y 299 para enroscar la casa.

*

—¿Cuántas brujas hacen falta para cambiar una bombilla?
—¿Para cambiarla y convertirla en qué?

*

—¿Cuántos filósofos hacen falta para cambiar una bombilla?
—Tres: uno para cambiarla, y dos para discutir si la nueva bombilla existe o no realmente.

*

—¿Cuántos nihilistas hacen falta para cambiar una bombilla?
—No hay nada para cambiar y, si lo hubiera, ¿qué importa?

*

—¿Cuántos freudianos hacen falta para cambiar una bombilla?
—Dos: uno para cambiarla, y otro para sujetar el pene… la escalera; quiero decir la escalera.

*

—¿Cuántos abogados hacen falta para cambiar una bombilla?
—Tantos como puedas pagar.

*

—¿Cuántos faquires hacen falta para cambiar una bombilla?
—Dos: uno para cambiarla, y otro para comerse la vieja.

*

—¿Cuántos políticos hacen falta para cambiar una bombilla?
—Dos: uno para cambiarla, y otro para volver a poner la anterior.

*

—¿Cuántos hombres de verdad hacen falta para cambiar una bombilla?
—Ninguno. Los hombres de verdad no tienen miedo de la oscuridad.

*

—¿Cuántos habitantes de Chernobil hacen falta para cambiar una bombilla?
—No les hace falta, porque brillan en la oscuridad.

* * *

BORRACHOS

A un borracho al que ha detenido la policía le preguntan:
—¿Nombre?
—Adolfo Martínez.
—¿Edad?
—Cuarenta y cinco.
—¿Estado?
—Borracho como una cuba.

*

El vino mejora conforme pasa el tiempo, y la cerveza mejora conforme aumenta la cantidad que se bebe.

*

A un rico que bebe más de la cuenta se le llama alcohólico. A un pobre qu hace lo mismo, se le llama borracho.

*

Un borracho se mete con el coche en sentido contrario por una calle. Un policía le para, y le pregunta:
—Pero, ¿adónde se cree usted que va?
—No lo sé. Pero debo estar atrasado, porque todo el mundo está de vuelta.

*

Un hombre llega a su casa de madrugada, y le dice a su mujer:
—Beber te hace parecer hermosa.
—Pero, si yo no he bebido nada.
—Pero yo sí.

*

Un borracho le dice a otro:

—Hace meses que no veo a mi mujer.

—¿Y eso?

—Porque ella no puede verme borracho, y yo no consigo verla estando sobrio.

*

Un borracho ve que otro está dándole golpes a una farola, y le pregunta:

—¿Qué haces?

—Llamando, para que me abran.

—Pues sigue insistiendo, que arriba se ve luz.

*

Un borracho ve a dos jóvenes iguales y dice:

—Estoy realmente mal; veo doble.

—No, es que son gemelos.

—¡¿Los cuatro?!

*

Un borracho entra en su casa a las tres de la madrugada, va a la habitación y, palpando la cama, dice:

—Ésta es mi cama… Ésta es mi mujer… Y éste soy yo.

*

Dos borrachos están en un bar, y uno le dice a otro:
—Más vale que de dejes de beber, porque estás volviéndote borroso.

*

Entra un borracho en un restaurante, y le dice al camarero:
—¿Podría ir friéndome unas manos mientras me lavo los huevos?

*

Cartel en un bar: «Si bebe para olvidar, no olvide pagar antes de beber».

*

Un borracho llama a la puerta de su casa, a altas horas de la madrugada, y su mujer dice:
—No hay nadie.
—Menos mal que no he venido…

*

Un borracho llega a su casa, y su mujer le dice:
—¡¿No te da vergüenza llegar tan tarde?!
—Pero, ¡si son sólo las diez!
—No son las diez, sino las cinco y cinco.
—¡Pues eso… las diez!

*

Un borracho le pregunta a otro:
—Y tú, ¿por qué bebes?
—Para hacerme más bonito.
—¿Y te funciona?
—Debe ser que sí, porque cuando llego a casa mi suegra le dice a mi mujer, «¿Ve qué bonito?».

*

Dos borrachos beduinos van a una comisaría, y uno dice:
—Acabamos de atropellar a un grupo de pingüinos.
El policía dice:
—¡¿Pingüinos?! Pero, si estamos en el desierto…
Y el otro borracho dice:
—¿Ves como eran monjas?

*

Jn borracho se cruza con un hombre, y le pregunta:

–¿Podría decirme cuantos moratones tengo en la frente?

–Mmm… dos.

–Entonces me faltan tres farolas para llegar a casa…

*

Jn borracho llega a su casa de madrugada, y su mujer le pregunta:

–¿De dónde vienes?

–Según Darwin, del mono.

*

n borracho llega a casa, y su mujer le dice:

–¡¿Otra vez borracho?! ¿No me prometiste que jamás pondrías de nuevo los pies
ı ese bar?

-Y no lo he hecho: entré de rodillas, y me sacaron a rastras.

*

ı un bar, un borracho vuelve del áter con la bragueta abierta y el ne colgando por fuera. Otro rracho, coge una botella, y em-eza a darle con ella gritando:

-¡Una culebra!

-¡Dale otra vez a esa hijaputa, e creo que me ha mordido!

*

ı borracho cruza la calle, y le egunta a un hombre:

¿Puede decirme cuál es la acera enfrente?

Es aquella en donde está su igo.

¿Ves cómo yo tenía razón? —le ta el borracho al amigo.

*

Un borracho filósofo le dice a otro:
—En este mundo, sólo sufren seis tipos de personas: yo, tú, él, nosotros, vosotros o ellos.

*

Un borracho que intenta entrar en casa está haciendo un ruido enorme. Su mujer se asoma por la ventana y le dice:
—Ahora te tiro las llaves, pero deja de dar golpes en la puerta.
—La llave ya la tengo, así es que es mejor que me tires la cerradura, porque n la encuentro.

*

Dos borrachos que han sido medio enterrados bajo la nieve por un alud ve acercarse a un perro San Bernardo con su tradicional barrilito de ron. Y un dice:
—Ahí viene el mejor amigo del hombre.
—Sí, ¡y lo trae un perro!

*

La mujer de un borracho decide escarmentarlo, y una noche se viste de Satar para darle un susto. Cuando él llega casa borracho, la ve, y dice:
—¡A mí no me asustas, Satanás! ¡Yo estoy casado con tu hermana!

*

A las cinco de la madrugada, dos borrachos llaman al portero automático de una casa, y uno pregunta:
—¿Es la mujer del señor García?
—Sí.
—¿Y podría bajar para decirnos cuál de los dos es el señor García?

*

Van dos borrachos a toda velocidad en un coche, y uno le dice al otro:
—¿Te importaría ir un poco más despacio?
—Claro que no, pero hay un problema.
—¿Cuál?
—Que el que está conduciendo eres tú.

*

Un borracho le dice a otro:
—Y, tú, ¿por qué bebes?
—Para olvidar.
—¿Para olvidar el qué?
—No me acuerdo.

*

Un hombre ve a un borracho parado delante de la puerta de una casa, mirando la puerta fijamente. No resistiendo la curiosidad, se acerca y le pregunta:
—¿Pero, qué hace usted ahí, hombre?
—Esperando a que la puerta se pare.

*

Un borracho llega a su casa, y su mujer le pregunta:
—¡¿Cómo llegas a estas horas?!
—No ha sido culpa mía, sino del tomate.
—¿Cómo que del tomate?
—Sí, no hacían más que decirme tómate otra, tómate otra…

*

Un borracho llega a un entierro, y se pone a cantar el cumpleaños feliz, cuando un hombre le dice:
—¡¿Pero no ve que esto es un entierro?!
—Hombre, ahí hay una tarta enorme con cuatro velas…

*

Un borracho entra en la asociación de «Alcohólicos Anónimos», y el conserje le pregunta:

—¿Viene usted a apuntarse?

—No, vengo a borrarme.

*

Un hombre llega borracho a su casa, y su mujer le dice:

—¿No te da vergüenza llegar tan tarde?

—Pero si es prontísimo; ¡son las seis de la mañana!

*

Un hombre le dice a otro:

—A un amigo mío le llamamos «bebé».

—¿Porque tiene aspecto joven?

—No, porque bebe el lunes, bebe el martes, bebe el miércoles...

*

Están dos borrachos sentados en la acera, y uno dice:

—Hoy, la luna está llena.

—¿Llena de qué?

*

Un policía de tráfico le dice a un bo rracho:

—Ha sacado usted 4,9 en el control d alcoholemia, así es que voy a tener qu retirarle el carné.

—¡Vamos, hombre, no me haga es sólo porque me falte una décima!

*

Un borracho que está en un crucero l pregunta a un hombre:

—¿Dónde está el capitán?

—Por babor.

—Por babor, ¿dónde está el capitán?

*

Un borracho entra en un bar, y dice:

—Quería una botella de vino.

—¿Tinto, blanco o rosado?

—De los tres, y por ese orden.

*

Un borracho le pregunta a otro:

—¿Sabe dónde está la calle dos de mayo?

—¿De qué año?

*

Un borracho le dice a un hombre:

—Pues yo nunca bebo agua por una cuestión de higiene.

—¿Y eso?

—¡¿Se ha parado a pensar lo que hacen los peces dentro de ella?!

*

Un borracho entra en un estanco, y pregunta:

—¿Vende usted cigarrillos sueltos?

—Sí.

—Pues deme veinte.

*

ienaventurados los que mueren orrachos, porque ellos verán a ios por duplicado.

*

na viejecita entra en un autobús arrotado de gente, y al ver que die se levanta para cederle su ento, dice:

En este autobús no hay caba-ros.

borracho dice:

Caballeros sí hay, señora. Lo e no hay son asientos libres…

*

Un hombre se levanta por la mañana, y su mujer le dice:
—Ayer llegaste borracho otra vez.
—¿Cómo lo has sabido, si casi no hice ruido? Me hice un zumo de limón, para la resaca, y me fui a dormir.
—Todavía no has visto al canario, ¿verdad?

*

Un borracho llega a la puerta de su casa a las cinco de la madrugada, y se pone a gritar a su mujer:
—¡Ábreme la puerta, ramera cabrona!
—¡Pepe, te he dicho mil veces que me llamo Ramona Cabrera!

*

Dos borrachos salen de un bar, y uno le dice al otro:
—¿Tomamos un taxi?
—No. Es mejor no mezclar.

*

Un hombre ve a un borrracho dándole una paliza a una monja, y le dice:
—¡¿Pero qué hace hombre?! ¡¿Se ha vuelto loco?!
—Este Batman no es tan duro como lo pintan, no…

*

Un borracho está en medio de la calle con una llave en la mano, y un policía pregunta:
—¿Qué hace usted ahí?
—¿La Tierra es redonda, verdad? ¿Y da vueltas sobre sí misma, no?
—Sí.
—Pues entonces, antes o después, mi casa pasará por delante.

*

Un hombre le pregunta a un borracho:
—Pero, hombre, ¿por qué bebe usted tanto?
—Por venganza.
—¿Cómo que por venganza?
—Sí. El vino acabó con mi padre, y entonces yo me he propuesto acabar con el vino…

*

Un borracho entra en la habitación, y su mujer le dice:

—¡Pepe, méteme algo!

Y Pepe le metió un susto.

*

Un borracho entra en un autobús, y grita:

—Todas las mujeres que están a mi izquierda son unas putas, y las que están a mi derecha unas lesbianas.

Y una señora replica, indignada:

—¡Oiga, que yo no soy ninguna puta!

—¡Pues cámbiate de lado, tortillera!

* * *

¿CÓMO SE DICE...?

—¿Cómo se dice músico en japonés?
—Yo Toko.

*

—¿Cómo se dice prostituta en ruso?
—To quisqui Lasoba.

*

—¿Cómo dicen los masais cementerio?
—Tumba.

*

—¿Cómo se dice suegra en ruso?
—Storvo.

*

—¿Cómo se dice disparo en árabe?
—Ai ba la bala.

*

—¿Cómo se dice deportista en japonés?
—Sobako Mesuda.

*

—¿Cómo se dice aparcamiento en árabe?
—Ata la jaca a la valla.

*

—¿Cómo se dice metro en alemán?
—Suban estrujen bajen.

*

—¿Cómo se llama el mayor fabricante de pañuelos de Japón?
—Yokito Mokito.

*

—¿Cómo dicen ¡Oh! los masais?
—¡Zambomba!

*

—¿Cómo se dice obrero en árabe?
—Dale a la pala.

*

—¿Cómo dicen fiesta los masais?
—Pachanga.

*

–¿Cómo dicen guarro los masais?
–Mucha kaka.

*

–¿Cómo se dice lluvia en arabe?
–No vamo a moah.

*

–¿Cómo se dice delgado en chino?
–Flakucho.

*

-¿Cómo dicen tierno los masais?
-Bimbo.

*

-¿Cómo se dice ayuno en japonés?
-Yo no komo.

*

-¿Cómo dicen electricista los masais?
-Yo kambio bombilla.

*

-¿Cómo se dice descalzo en chino?
-Chin chapato.

*

—¿Cómo se dice ministerio de economía en japonés?
—Yo sako moneda.

*

—¿Cómo dicen huérfano los masais?
—Sin papi ni mami.

*

—¿Cómo dicen no los masais?
—Mopongo.

*

—¿Cómo se dice superviviente en japonés?
—Kasi me mato.

*

—¿Cómo se dice alto en japonés?
—Si me kaigo me mato.

*

—¿Cómo dicen sudor los masais?
—El tufo me tumba.

*

—¿Cómo se dice político en árabe?
—Hablablabla.

*

—¿Cómo dicen inundación los masais?
—Cuantagua.

*

—¿Cómo se dice desempleado en chino?
—Chin kurro.

*

—¿Cómo se dice muelle en chino?
—¡Toink!

*

—¿Cómo se dice caerse en ruso?
—Kataplof.

*

—¿Cómo se dice empresario en japonés?
—Tu sudas yo gano.

*

—¿Cómo se dice trueno en alemán?
—Nubes crujen.

*

—¿Cómo dicen rebajas los masais?
—Ganga.

*

—¿Cómo se dice paraguas en árabe?
—Pa no moame.

*

—¿Cómo se dice papel higiénico en japonés?
—Kita kaka.

*

—¿Cómo se dice noventa y nueve en chino?
—Cachi chien.

*

—¿Cómo se dice lluvia en alemán?
—Gotas kaen.

*

—¿Cómo se dice macarra en griego?
—De móstoles.

*

—¿Cómo dicen diarrea los masais?
—Abunda la caca.

*

—¿Cómo se dice lavarse la cabeza en chino?
—Champú.

*

—¿Cómo se dice ascensor en árabe?
—Alibabajo.

*

—¿Cómo se dice caricatura en italiano?
—Garabatto.

*

—¿Cómo dicen sándwich de champiñones los masais?
—Bimbo con hongo.

*

—¿Cómo se dice despeinado en chino?
—Chin peine.

*

—¿Cómo se dice insecto en ruso?
—Moshka.

*

—¿Cómo se dice estoy muerto en inglés?
—Me mory.

*

—¿Cómo dicen lo admito los masais?
—No mopongo.

*

—¿Cómo se dice bomba atómica en japonés?
—No keda nada.

*

—¿Cómo se dice eyaculación precoz en chino?
—Ya ta.

*

—¿Cómo se dice tiburón en chino?
—¡Chan chan, chan chan, chan chan, chiroriiii!

*

—¿Cómo se dice largo en chino?
—Chin fin.

*

—¿Cómo se dice impotencia en chino?
—No chube.

*

—¿Cómo se dice portero en japonés?
—No toko bola.

*

—¿Cómo se dice borrachera en chino?
—Kolokón.

*

—¿Cómo dicen juego de cartas los masais?
—Timba.

*

—¿Cómo se dice delgado en ruso?
—Paluskova.

*

–¿Cómo se dice estar saciado en chino?
–Me inchao.

*

–¿Cómo se dice me he equivocado en francés?
–Lapifié.

*

–¿Cómo se dice masturbación en alemán?
–Froten verguen.

*

–¿Cómo se dice insatisfacción sexual en japonés?
–¿Komo ke lla tá?

*

–¿Cómo se dice diarrea en japonés?
–Kagao toito.

*

–¿Cómo se dice homosexual en japonés?
–Malikón.

*

–¿Cómo dicen avión los masais?
–Jumbo.

*

—¿Cómo llaman al wonderbra los masais?
—Domingas de tongo.

*

—¿Cómo se dice frío en ruso?
—Raska.

*

—¿Cómo se dice baba en árabe?
—Saliva vá.

* * *

EL COLMO

—¿Cuál es el colmo de un chapista?
—Que su mujer no pare de darle la lata.

*

—¿Cuál es el colmo de un florista?
—Que su hija se llame Margarita, y que su novio la deje plantada en el altar.

*

—¿Cuál es el colmo de un pastelero?
—Casarse con una Magdalena.

*

—¿Cuál es el colmo de un enano?
—Tener que pasar dos veces por la aduana para que le digan ¡alto!

*

—¿Cuál es el colmo de un diente?
—Que se pique con otro.

*

—¿Cuál es el colmo de un calvo?
—Que se le ocurran ideas descabelladas.

*

—¿Cuál es el colmo de una aspiradora?
—Ser alérgica al polvo.

*

—¿Cuál es el colmo de los colmos?
—Que un mudo le diga a un sordo que un ciego lo está espiando.

*

—¿Cuál es el colmo de la gordura?
—Poder levantarse de la cama por los dos lados a la vez.

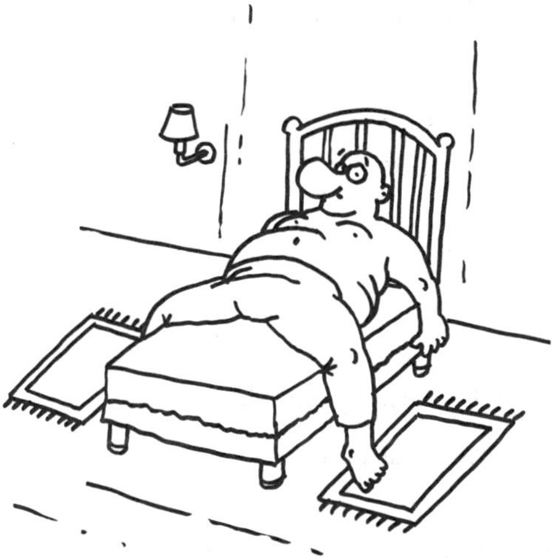

*

—¿Cuál es el colmo de un astronauta?
—Que una estrella no quiera firmarle un autógrafo.

*

—¿Cuál es el colmo de un carnicero?
—Tener un perro salchicha, un hijo chorizo y una hija que sea una cerda.

*

—¿Cuál es el colmo de un agente del TEDAX?
—Que lo exploten en su trabajo.

*

–¿Cuál es el colmo de un matemático?
–Que plante un árbol y le salga la raíz cuadrada.

*

–¿Cuál es el colmo de un músico?
–Que su mujer se llame Tecla, y que la toque el vecino.

*

–¿Cuál es el colmo de una oveja?
–Tener un hambre de lobo.

*

-¿Cuál es el colmo de una verdulera?
-Que su novio le dé calabazas.

*

-¿Cuál es el colmo de un abogado?
-Perder todas las muelas del juicio.

*

—¿Cuál es el colmo de un electricista?
—Necesitar un enchufe para conseguir un trabajo.

*

—¿Cuál es el colmo de un albañil?
—Estar sordo como una tapia.

*

—¿Cuál es el colmo de un sepulturero?
—Estar muerto de hambre.

*

—¿Cuál es el colmo de Aladino?
—Tener mal genio.

*

—¿Cuál es el colmo de un cementerio?
—Que esté cerrado por defunción.

*

—¿Cuál es el colmo de un sastre?
—Tener un hijo botones.

*

—¿Cuál es el colmo de un jorobado?
—Acabar estudiando derecho.

*

—¿Cuál es el colmo de un calvo?
—Tener un accidente y salvarse por los pelos.

*

—¿Cuál es el colmo de un médico?
—Que su mujer se llame Dolores, y su hija Remedios.

*

—¿Cuál es el colmo de un peluquero?
—Que le tomen continuamente el pelo.

*

—¿Cuál es el colmo de un ciego?
—Llamarse Casimiro, que su mujer se llame Lucía, vivir en el noveno B y dedicarse a vender tuberías.

*

—¿Cuál es el colmo de un pescador de atunes?
—Ser calvo y que su mujer se llame Isabel.

*

—¿Cuál es el colmo de la paciencia?
—Intentar sacarse un moco con unos guantes de boxeo en las manos.

*

—¿Cuál es el colmo de un libro?
—Que en otoño se le caigan las hojas.

*

—¿Cuál es el colmo de un fantasma?
Que tengan que darle un susto para quitarle el hipo.

*

—¿Cuál es el colmo de un fotógrafo?
—Que sus hijos se rebelen contra él.

*

—¿Cuál es el colmo de un cerdo?
—Que le regalen un jamón por Navidad.

*

—¿Cuál es el colmo de la estupidez?
—Comprarse un submarino descapotable.

*

—¿Cuál es el colmo de un toro?
—Estar hecho una vaca.

*

—¿Cuál es el colmo de una niña pobre?
—Tener que jugar con las muñecas de sus hermanos.

*

—¿Cuál es el colmo del azúcar?
—Que le amarguen la vida.

*

—¿Cuál es el colmo de un pastelero?
—Que el cabello de ángel de sus bollos tenga caspa.

*

—¿Cuál es el colmo de un pastor?
—Quedarse dormido contando sus ovejas.

*

—¿Cuál es el colmo de un adolescente con acné?
—Que el dermatólogo le diga: «Vamos al grano...».

*

—¿Cuál es el colmo de un derrochador?
—Lijar las monedas, para poder gastar más dinero.

*

—¿Cuál es el colmo de una moneda?
—Caerse de cruz.

*

—¿Cuál es el colmo de una araña?
—Que un gato la arañe.

*

—¿Cuál es el colmo del hombre más gordo del mundo?
—No tener ningún peso en la conciencia.

*

—¿Cuál es el colmo de la mala suerte?
—Que a uno consigan quitarle lo bailao.

*

—¿Cuál es el colmo de la holgazanería?
—Levantarse dos horas antes de lo habitual para estar dos horas más al día sin dar ni golpe.

*

—¿Cuál es el colmo de un ciego?
—Que le guste jugar al veo, veo.

*

—¿Cuál es el colmo de un sordo?
—Que, tras su muerte, le dediquen un minuto de silencio.

*

—¿Cuál es el colmo de los colmos?
—Que una paloma mate a otra para robarle el ramito de olivo.

*

—¿Cuál es el colmo de un matemático?
—Tener cálculos en el riñón.

*

—¿Cuál es el colmo de un profesor de lengua?
—Tener un accidente de coche y entrar en coma.

*

—¿Cuál es el colmo del fantasma de un ladrón?
—Decir que la policía nunca lo cogerá vivo.

*

—¿Cuál es el colmo de un ladrón mudo?
—Que cuando la policía le arreste le digan «Tiene usted derecho a guardar silencio».

*

—¿Cuál es el colmo de un oso panda?
—Salir en blanco y negro en una foto en color.

*

—¿Cuál es el colmo de un asesino inmortal?
—Que lo condenen a cadena perpetua.

*

—¿Cuál es el colmo de un militar?
—Llamarse Armando Guerra.

*

—¿Cuál es el colmo de alguien feo?
—Que los mosquitos cierren los ojos antes de picarle.

*

—¿Cuál es el colmo de un pastelero?
—Hacer una tarta con las yemas de los dedos.

*

—¿Cuál es el colmo de un gallo?
—Que se le ponga la piel de gallina cuando hace frío.

*

—¿Cuál es el colmo de un sastre?
—Pincharse con las agujas del reloj.

*

—¿Cuál es el colmo de un leñador?
—Dormir siempre como un tronco, e irse por las ramas cada vez que habla.

*

—¿Cuál es el colmo de un vanidoso?
—Pasarse el día jugando al yo-yo.

*

—¿Cuál es el colmo de un árbitro?
—Que nada le importe un pito.

*

—¿Cuál es el colmo de un dentista?
—Quitarle una caries a un diente de ajo.

*

—¿Cuál es el colmo de un futbolista?
—Tener que casarse de penalti.

*

—¿Cuál es el colmo de un gato?
—Llevar una vida de perro.

*

—¿Cuál es el colmo de un carpintero
—No ser capaz de entablar una conversación.

*

—¿Cuál es el colmo de un ladrón?
—Ser capaz de robarle los anillos Saturno.

*

—¿Cuál es el colmo de un sastre?
—Perder siempre el hilo de las conversaciones.

*

—¿Cuál es el colmo de un cristalero?
—Que quiebre su negocio.

*

—¿Cuál es el colmo de un policía?
—Que continuamente lo asalten las dudas.

*

—¿Cuál es el colmo de un nadador?
—Ahogarse en un vaso de agua.

*

—¿Cuál es el colmo de un bombero?
—Vivir en la Tierra del Fuego.

*

—¿Cuál es el colmo de un árbol?
—Conseguir hacer el pino.

*

—¿Cuál es el colmo de un policía?
—Tener dos esposas.

*

—¿Cuál es el colmo de los colmos?
—Conseguir tirar la casa por la ventana.

*

—¿Cuál es el colmo de un carpintero?
—No tener madera para esa profesión.

*

—¿Cuál es el colmo de un alpinista?
—Pertenecer a las clases bajas.

*

—¿Cuál es el colmo de un hombre muy peludo?
—Que una mujer le diga «Es usted muy mono».

*

—¿Cuál es el colmo de la confianza?
—Dos caníbales haciendo un sesenta y nueve.

*

—¿Cuál es el colmo del servilismo?
—Que alguien te dé por culo, y pedirle perdón por darle la espalda.

*

—¿Cuál es el colmo de un músico?
—Que después de desmayarse, vuelva en DO.

*

—¿Cuál es el colmo de un oftalmólogo?
—No ver las cosas claras.

*

—¿Cuál es el colmo del sadismo?
—Darle una cuchilla a un niño pequeño y decirle que es una armónica.

*

—¿Cuál es el colmo de Jesucristo?
—Que Dios lo deje colgado.

*

—¿Cuál es el colmo de una contorsionista?
—Que su novio rompa con ella.

*

—¿Cuál es el colmo de una oca?
—Que le guste jugar al parchís.

*

—¿Cuál es el colmo de un camello?
—Estar todo el tiempo jorobado.

*

—¿Cuál es el colmo de un presidente de Estados Unidos?
—Tener unas hijas gemelas y que se las tire un tal Iván.

*

—¿Cuál es el colmo de una actriz porno?
—Que le dé alergia el polvo.

*

—¿Cuál es el colmo de un periodista?
—Morir aplastado bajo una rueda de prensa.

*

—¿Cuál es el colmo de un carnicero?
—Pillar a su hijo haciendo chuletas.

*

—¿Cuál es el colmo de un francotirador?
—Apuntar a un blanco y darle a un negro.

*

—¿Cuál es el colmo del refinamiento?
—Llamarle embutido a un ladrón.

* * *

EN EL BAR, RESTAURANTES

Un hombre muy tímido entra en un bar, y dice:
—¿Me pone un café?
—¿Solo?
—Bueno, entonces póngame dos.

*

Un hombre entra en un bar, y le dice al camarero:
—Saludos de Tomás.
—¿Qué Tomás?
—Un cafecito, por favor.

*

—¿Me da un café corto?
—Enseguida, cambio.

*

Un guiri está comiéndose una sopa en un restaurante, y dice:
—Camarero, hay un mosca en mi sopa.
—No es un mosca, sino UNA mosca.
—¡Menuda visto tiene usted!

*

Una mujer está en un bar, y el camarero le dice:
—¿Quiere otra copa? La casa invita…
—Oh, no, gracias. El alcohol me afecta a las piernas.
—¿Le produce dolores?
—No. Hace que se me abran.

*

En una discoteca, un hombre le pregunta al barman:
—Por favor, ¿la salida?
—Es esa mujer de allí. La del traje amarillo.
—No, hombre, me refiero a la de emergencia.
—Ah, entonces la gorda de las gafas.

*

Un hombre entra en un bar, y dice:
—Por favor, un café solo.
Y el camarero grita: ¡Todo el mundo fuera!

*

Un hombre entra en un bar, y le dice al camarero:
—Deme un whisky doble. Aunque, con lo que tengo no debería beber eso.
—¿Y qué tiene usted?
—Veinte céntimos.

*

Un hombre entra en un bar, y el camarero pregunta:
—¿Qué le ponemos al señor?
—Al Señor, dos velas; y, a mí, un café con leche.

*

Un hombre entra en un bar, y le dice al camarero:
—Ponme un café rápido, porque luego va a haber pelea.
—¿Y cómo lo sabe?
—Porque no tengo dinero para pagarlo.

*

Un hombre entra en un bar, ve un cártel que dice «Hoy, vino gratis», y pregunta:
—¿Quién vino gratis?

*

Un hombre entra en un bar, ve a un montón de enanos junto a la barra, y dice:
—Eh, ¿quién ha desmontado el futbolín?

*

Un hombre entra en un bar, y dice:
—Camarero, ¿tienes ancas de rana?
—Sí.
—Pues da un salto hasta aquí y tráeme una cerveza.

*

Un hombre entra en un bar, y pide una botella de sidra El gaitero.
—No nos queda, señor. Pero tenemos champán viuda de Clicqot.
—¡¿No me diga que se ha muerto el gaitero?!

*

Un hombre está comiendo en un bar, y pregunta:
—¿Tienen tabasco?
—Si, en la másquina.

*

Un hombre entra en un bar, y el camarero le dice:
—Usted me dirá…
—Pues en torno a un metro ochenta y cinco, diría yo.

*

—Camarero, Mi langosta a la plancha sólo tiene una pinza.
—Bueno, la habrá perdido en una pelea con otra.
—Pues tráigame entonces a la que ganó, porque esa debe tener tres.

*

—Camarero, haga el favor de probar mi sopa.
—Claro. ¿Dónde está la cuchara?
—Ajajá.

*

Un camarero le dice a un cliente:
—¿Cómo ha encontrado el señor su filete?
—Rebuscando entre las patatas.

*

—Camarero, hay una mosca en mi sopa.
—No se preocupe. ¿Ve la araña que hay en su vaso? Enseguida se ocupará de ella.

* * *

ÉTNICOS, REGIONALES

Dos chinos que se cruzan en la calle:
—Hola.
—La cuatlo y media.

*

Un médico le receta a un vasco unos supositorios, y le pide que vuelva una semana después:
—Veo que no ha mejorado. ¿Ha seguido usted el tratamiento?
—¡Claro que sí! ¡¿O es que piensa que me he metido los supositorios por el culo?

*

—¿Por qué las elecciones están prohibidas en China?
—Porque sin elecciones no pueden nacer más chinos.

*

Un cura de Bilbao está dando un sermón, y dice, muy compungido:
—El obispado ha hecho una estadística, y resulta que somos la parroquia más blasfema de Vizcaya. ¿No os da vergüenza, ¡me cago en Dios!?

*

—¿A qué se le llama un marica en Irlanda?
—A un hombre que prefiere las mujeres al whisky.

*

En un tablao flamenco, un gitano dice:
—¡Ole tu madre!
—¡Olerá la tuya, malaje!

*

—¿Qué hace una inglesa para mantenerse siempre guapa y sin vello corporal?

—Absolutamente nada.

*

—¿Por qué es absurdo el concepto de femineidad?

—Porque cualquier francés es más femenino que cualquier inglesa.

*

Un vasco le dice a otro:

—Oye, ¿sabes que tu hija está con gonorrea?

—¿Gonorrea, qué más?

*

—¿Cuál es la diferencia entre una boda y un funeral irlandeses?

—Un irlandés borracho.

*

—¿Me dice su nombre, por favor?

—Jon Garaikoberbakenoaequerreaski.

—¿Con «be», o con «v»?

*

Un gallego, muy deprimido, le dice a un amigo

—Carliños, dime algo que me deleite.

—As vacas.

*

—¿Cómo se sabe que ha estado un francés merodeando en tu jardín?

—Alguien se ha comido la basura, y la perra se ha quedado embarazada.

*

Dos hombres se sientan juntos en un tren, y uno le pregunta a otro:

—¿De dónde es usted?

—De Bilbao.

—Oh, entonces hablaré más despacio.

*

Dos guardias de frontera rusos están de vigilancia. Uno mira a lo lejos y sonríe, y el otro le dice:

—¿Qué estás pensando?

—Lo mismo que tú.

—Entonces, es mi deber arrestarte.

*

—¿En qué se parecen un espermatozoide y un alemán?

—En que ambos tienen una posibilidad entre un millón de convertirse en seres humanos.

*

Un autobús lleno de hooligans llega a Irlanda, y el conductor dice:

—A la izquierda, acabamos de dejar atrás la mayor fábrica de whisky del mundo.

Y un hooligan pregunta: —¿Por qué?

*

—Para un esquimal, ¿en qué se diferencian la noche y el día?

—En seis meses.

*

—¿Cómo se llama a cien mil italianos corriendo?

—Ejército italiano.

*

Un hombre le dice a otro:

—Pepe lo sabe todo sobre perros.

—¿Por qué? ¿Es veterinario?

—No. Estuvo trabajando en un restaurante chino durante tres años.

*

Un niño cubano le pregunta a su hermanito:

—¿Y tú sabes quién es Santa Claus?

—Papá Noé.

—Y mamá tampoco.

*

No es justo que un noventa y nueve por ciento de catalanes tacaños den mal fama a todos los catalanes.

*

Hablando del novio de su hija, un hombre le pregunta a otro:

—¿Y qué opinas tú de ese Eskerrogoitzirikagoitia?

—Bueno, es difícil de decir…

*

Noticia: «Se ha producido en Bilbao el accidente de aviación más grave de la historia. Un pequeño avión monoplaza se ha estrellado en un cementerio. Hasta el momento se han recuperado dos mil cadáveres, y las excavaciones prosiguen».

*

Un argentino entra en una droguería, y dice:

—Querría Colgate.

—Y yo pegate y matate.

*

—¿Cómo se llaman los cuatro hombres más pobres de China?

—Chin Lu, Chin Gas, Chin Agua y Chin Na.

*

—¿Por qué los mejicanos no juegan nunca al billar?

—Porque se comen los tacos.

*

Un verdulero catalán va a un mercado en Madrid, y pregunta:
—¿A quant va la uva?
Y en el puesto le responden a coro:
—¡Balambambú!

*

Un vasco le dice a otro:
—Oye, Patxi, los de Bilbao somos cojonudos, ¿eh?
—Aiba la hostia, ¿pero qué dices tú, si eres de Albacete?
—Oye, Patxi, ¡que los de Bilbao nacemos donde nos sale de los cojones!

*

—¿En qué se diferencian Dios y los gallegos?
—En que Dios está en todas partes, y los gallegos ya han estado en toda partes.

*

—Un madrileño entra en una tienda de mapas, y dice:
—¿Me da un mapamundi de Madrid?
—¿Del hemisferio norte o del sur?

*

—¿Qué es lo peor de ser una e quimal?
—Que te acuestas por la noche co tu novia y al día siguiente ella levanta embarazada de seis meses

*

Dos estudiantes vascos de matemáticas acaban de terminar un examen, y uno le pregunta al otro:
—Oye, Paxti, ¿a ti qué te daba quinto ejercicio?
—Infinito elevado a infinito.
—Aiba no me jodas... ¡¿Sólo?!

*

Dos vascos está buscando setas por el campo cuando uno se encuentra un reloj de oro y diamantes, y dice:

—Oye, Paxti, ¡mira lo que he encontrado!

—¡Tira esa mierda! Si venimos a coger setas, venimos a coger setas...

*

Dos vascos empiezan a discutir sobre un asunto, cuando uno para de hablar y le lice al otro:

—Oye, he estado pensando que es una tontería discutir con palabras cuando odernos darnos de hostias.

*

os vascos se cruzan por la calle, y uno ve que el otro lleva la cabeza vendada:

–Pero, ¿qué tapasao? ¿Te has caído con la moto?

–No exactamente. ¿Sabes la casa que hay a la salida de Bilbao? ¿Esa que está odeada por un muro de cemento y que tiene un cártel que dice «Se traspasa»?

–Sí.

–¡Pues no se traspasa, no!

*

efinición de Atlántico: Océano sitiado entre América, por un lado, y Europa y rica, por el otro, que nace en el río Nervión.

*

Un vasco le dice a otro:

—¿Sabes que dicen que hay culturas más avanzadas que la nuestra?

—¡¿No me jodas?! ¿Y cuánto levantan, pues?

*

En un bar de Bilbao, un cliente ve que la camarera lleva los bolsillos de atrás llenos de dinamita, y le pregunta:

—¡Pero, Arantxa, ¿qué haces con eso?!

—Ya verás, ya verás adonde va ir la mano de Patxi la próxima vez que me toque el culo…

*

Un vasco ve que otro lleva un barril cargado en la espalda, y le pregunta:

—¿Qué llevas ahí? ¿Vino?

—No, es orina.

—¡¿Orina?!

—Sí, es que el médico me dijo que volviera con una muestra de orina a los seis meses.

*

Un vasco entra en una tienda, y dice, muy indignado:

—¡Esta motosierra es una mierda! Se supone que da para cortar cien árboles por hora y yo sólo consigo cortar cuarenta…

—Déjeme ver —el dependiente la enciende, y el vasco dice:

—¡Aiba la hostia, ¿qué es ese ruido?!

*

—¿Por qué a la universidad de Deusto la llaman Fátima?

—Porque en ella entran vascos, y salen médicos, abogados, economistas…

*

Un negro entra en un bar en Sudáfrica, y un blanco dice:

—Negro maloliente de mierda.

—Si es una adivinanza, el culo; y, si no, te voy a dar más hostias que pelos tienes en la cabeza…

*

—¿Qué hace un ocho en Madrid?

—Sentirse en familia.

*

Un vasco va a afeitarse al barbero, y le dice a éste:
—A mí no me ponga espuma, que yo soy de Bilbao.
El barbero le hace caso. Al poco, el hombre está con media cara llena de cortes, y dice:
—Puede poner un poco de espuma, porque yo no soy de Bilbao, Bilbao, sino del extrarradio, ¿sabe?

*

Un vasco le dice a otro:
—Desde luego, yo pienso que donde haya una buena corrida, que se quite el fútbol.
—Toma, y los toros.

*

En la maternidad de un hospital hay tres niños, que piensan:
—Yo debo de ser un niño, porque mis patucos son azules.
—Yo debo de ser una niña, porque mis patucos son rosas.
—Yo debo de ser de Bilbao, porque tengo los huevos tan gordos que no consigo verme los patucos.

*

Un hombre le dice a un vasco:
—Veo que tiene el establo vacío. ¿Es que ya no tiene vacas?
—Sí, pero duermen en mi habitación.
—¿Y no huele fatal?
—Sí, pero que se jodan...

*

Un vasco se encuentra con otro, y le dice:
—Qué buen aspecto tiene la furgoneta.
—Sí, es que sólo tiene un mes.
—Joder, pues cuando crezca no te va a caber en el garaje.

*

Dos gitanos están jugando al ajedrez, y uno dice:
—¡Jaque mate!
—¡Ja que te mate tú, piazo cabrón!

*

—¿Qué es una furgoneta negra con cuatro gitanos dentro: uno que fuma puros, otro cargado de oro, un tercero ligón y uno loco?
—El equipo A robar.

* * *

FAMILIA Y MATRIMONIO

Un hombre le dice a un amigo que no ve hace mucho:

—Me han contado que María y tú os habéis casado y también que sois muy felices.

—Sí, yo me he casado, y ella es muy feliz.

*

—¿Cuánto me das por mi mujer?

—Nada.

—Pá ti.

*

—¿Cuál es la causa principal del divorcio?

—El matrimonio.

*

—Mi mujer me falta.

—Pues a mí me sobra.

*

—Andrés, dicen que tu mujer te engaña.

—Muuu muuuraciones de la gente.

*

—Mi mujer es un sol.

—¿Ah, sí? ¿Es buena?

—No. Lo quema todo.

*

—Pepe, dime algo con amor.
—Amorfa.

*

Una mujer le dice a su novio:
—Cariño, llevamos diez años de novios, ¿por qué no nos casamos?
—¿Casarnos?, pero ¿quién va a querernos a ti y a mí?

*

—Amor mío, ¿sabes contar?
—Sí, claro.
—Pues no cuentes conmigo esta noche.

*

Una mujer le dice a su marido:
—Pepe, ¿te acuerdas de lo felices que éramos hace quince años?
—Pero, Maruja, si sólo nos conocemos desde hace diez.
—Pues por eso, pues por eso.

*

Un hombre le comenta a un amigo en Año Nuevo:
—Me he hecho la promesa de ser menos vanidoso este año.
—¿Sí? ¿Y no crees que será difícil mantenerla?
—No para alguien tan extraordinario como yo.

*

Un hombre entra corriendo en su casa, y muy entusiasmado dice:
—María, haz las maletas que me ha tocado la lotería.
—¡¿Qué ropa pongo, la de verano o la de invierno?!
—Ponla toda, porque te vas a tomar por culo.

*

Un hombre encuentra a su mujer con otro en la cama, y le pregunta:

—¿Y éste quién es?

—Buena pregunta… ¿Cómo te llamas?

*

Un hombre se presenta ante el padre de su novia, y le dice:

—Quería pedirle la mano de su hija, aunque sea una mera formalidad.

—¿Y quien ha dicho eso?

—Su ginecólogo.

*

—¿Cuáles son las cinco palabras que nadie quiere escuchar mientras está practicando sexo?

—Cariño, ya estoy en casa.

*

Un hombre le pregunta a su amigo:

—¿Qué tal está tu mujer?

—¿Comparada con qué?

*

Una mujer está viendo a su hijo en la maternidad del hospital, y otra que está al lado le dice:

—¡Qué niño más guapo! ¿Se parece a su padre?

—Sí, pero no a mi marido.

*

Un hombre le comenta, indignado, a su amigo:

—¡Mi mujer es una mentirosa!

—¿Por qué?

—Porque me ha dicho que pasó la noche con su amiga Teresa.

—¿Y…?

—Yo he pasado la noche con su amiga Teresa.

*

Un hombre le pregunta a su mujer:

—Cariño, ¿tú crees que soy vanidoso?

—No, ¿por qué?

—Porque, normalmente, los hombres guapos, inteligentes y simpáticos como yo son vanidosos.

*

Un hombre se cruza con un amigo, y le pregunta:
—Pero, ¿adónde vas tan deprisa?
—Al médico. No me gusta nada el aspecto que tiene mi mujer.
—Entonces voy contigo; a mí tampoco me gusta el aspecto que tiene la mía.

*

Charlando, un hombre le dice a un amigo:
—El sábado pasado mi mujer y yo tuvimos una pequeña discusión: yo quería ir al teatro y ella al cine. Pero no tardamos en llegar a un acuerdo.
—¿Y qué película fuisteis a ver?

*

Una mujer le pregunta a su marido:
—Cariño, ¿tú qué harías si al llegar un día a casa me encontraras con otro hombre?
—Oh, le diría que no olvidara coger sus gafas oscuras y su bastón antes de marcharse.

*

Una mujer entra en casa de una amiga, y le pregunta:
—¿Por qué está tu marido durmiendo en el techo?
—Oh, es que tiene el sueño ligero.

*

En la noche de bodas, un recién casado le pregunta a su mujer:
—Cariño, ¿soy el primero?
—¡¿Por qué todos me preguntáis lo mismo?!

*

Dos fantasmas se casaron. Y los hijos que tuvieron no eran nada del otro mundo.

*

Después de una discusión tremenda con su mujer, el hombre le dice:

—Está bien. Vamos a llegar a un acuerdo intermedio: yo admito que tú tienes razón si tú admites que yo tengo razón.

*

Un matrimonio está en la cama, y ella le dice a él:

—Paquita me ha dicho hoy que tengo la piel de una chica de dieciocho años.

—Sí, además de la tuya.

*

Un hombre le dice a otro, desconsolado:

—Las mujeres no deberían tener hijos cuando pasan de cuarenta.

—¿Por qué?

—¡¿Por qué?! ¡¿Cuarenta hijos no te parecen suficientes?!

*

—¿Cuál es la excusa perfecta para un marido que se ha olvidado del cumpleaños de su mujer?

—Cariño, ¿cómo quieres que lo recuerde si por ti no pasan los años…?

*

Un hombre llega a casa, y su mujer le dice:

—Tengo que darte dos noticias sobre tu coche; una buena y una mala.

—¿Cuál es la buena?

—El airbag funciona.

*

Las mujeres se preocupan por el futuro hasta que encuentran un marido. Los hombres sólo empiezan a preocuparse por él tras casarse con una mujer.

*

Una mujer le pide dinero su marido para aumentar sus pechos, y él le dice:
—¿Por qué no pruebas a pasarte papel higiénico entre ellos?
—¿Y cómo va a hacer eso que me crezcan los pechos?
—No sé, pero funcionó con tu culo.

*

Después de una tremenda discusión, una mujer le dice a un hombre:
—Si yo fuera su mujer, le daría un café envenenado.
—Si yo fuera su marido, me lo tomaría sin dudarlo.

*

Un hombre compra una piruleta, y le dice a su hijo pequeño:
—Papá ha comprado esto para dárselo a quien nunca responde a mamá y siempre hace lo que ella dice. ¿Para quién va a ser?
—Para ti.

*

Una mujer le cuenta a una amiga:
—Una vez, estuve a punto de casarme con un adivino.
—¿Y qué pasó?
—Que me dejó antes de conocerme.

*

Un hombre le dice a su novia:
—Tengo que confesarte algo: desde hace algún tiempo, me estoy encontrando con un psiquiatra.
—Oh, no te preocupes. Yo me encuentro con un médico, un abogado, un bombero, un profesor…

*

Un hombre le dice a su mujer:
—María, tienes el pecho como una tabla, y las piernas llenas de pelos. ¿De verdad no te ha confundido nunca nadie con un hombre?
—¿Y a ti?

*

Casarse es como ir a un restaurante: pides un plato y, cuando te lo traen, te preguntas por qué no has pedido el de la persona que está a tu lado.

*

Las mujeres se casan con los hombres esperando que ellos cambien, pero no lo hacen. Y los hombres se casan con las mujeres esperando que ellas no cambien, pero lo hacen.

*

Un hombre se siente mal, y le dice a su mujer:
—Cariño, puedes llamar a un veterinario.
—¿No será a un doctor?
—No, un veterinario es mejor, porque trabajo como un burro, dices que huelo como un cerdo y me tratas como a un perro.

*

Un matrimonio asiste a un espectáculo de magia, y el marido se queda tan asombrado que le pregunta al mago:
—¡¿Cómo consigue hacer eso?!
—Es un secreto. Si se lo cuento, tendría que matarlo después.
—Entonces cuénteselo a mi mujer.

*

Una pareja está al borde de un pozo, y el marido pide un deseo y lanza una moneda en su interior. Luego, cuando la mujer va a hacer lo mismo, se cae dentro del pozo, y el hombre dice:
—¡Uah, esto funciona!

*

Un hombre le comenta a un amigo:

—Mi mujer se pasa el día quejándose porque no la escucho… O por algo pare-:ido, creo yo.

*

Jn hombre le dice a su mujer, indignado:

—¡Me he enterado de que andas diciéndole a todo el mundo que soy un idiota!

—Bueno, no sabía que fuera un secreto.

*

Jn hombre le revela a un amigo:

—El secreto de la felicidad de mi matrimonio es que, una vez por semana, mi nujer y yo salimos a cenar a un buen restaurante, y luego practicamos sexo sal-aje… Ella los martes y yo los viernes.

*

Iay muchas cosas que pueden decirse sobre el matrimonio, pero es mejor no acerlo delante de los niños.

*

Jna mujer le dice a su marido:

–Si ya me decía mi madre que no me casara contigo, porque eres un afeminado.

–Comparado con ella, cualquiera lo es…

*

n hombre le pregunta a otro:

-Lo que no entiendo es que, si tu mujer y tú sois tan distintos, ¿por qué os sasteis?

-Es por eso de que los extremos se atraen: ella estaba embarazada y yo no.

*

n hombre hace la siguiente reflexión delante de un amigo:

-Recuerdo dónde me casé, y también cuándo me casé. Lo que no consigo cordar es por qué me casé.

*

espués de una enorme discusión, una mujer amenaza a su marido diciendo:

-Si añades una sola palabra más, me voy a casa de mi madre.

*

El teléfono suena en una casa. Una mujer, que está en la cama con un hombre, lo coge y dice:

—¿Sí?... Ajá... Sí, sí... No te preocupes... Adiós.

—¿Quién era?

—Era mi marido. Dice que está contigo en la oficina.

*

—Los hombres casados pasan por dos fases: una en que desean seguir creyendo, pero no pueden; y otra en la que desearían no creer, pero tampoco pueden.

*

Un hombre le confiesa a un amigo:

—Juan, yo lo tengo todo: dinero, mansiones, coches deportivos, yates...

—Y, entonces, ¿a qué viene esa cara?

—A que mi mujer lo ha descubierto...

*

En la noche de su aniversario de casados, una mujer le dice a su marido granjero

—¡Hoy es nuestro aniversario! ¿Quieres que mate a un pavo?

—¿Por qué? ¿Qué culpa tiene el pobre bicho por algo que ocurrió hace veint años?

*

Una niña le dice a otra:

—¿Has visto la nueva «Barbie divorciada»?

—Sí. Viene con la casa, el coche y todos los demás accesorios de Ken.

*

Un hombre le dice a su mujer:

—Cariño, no recuerdo la última vez que hicimos el amor.

—Yo sí. Por eso no hemos vuelto a hacerlo desde entonces...

*

Un hombre le confiesa a un amigo:

—Yo me casé con mi mujer por su dinero... Y créeme, me he ganado cada cé timo.

*

—Dos amigos se despiden, y uno le dice a otro:

—No olvides darle un beso a tu mujer y a mis hijos.

*

Al final de la ceremonia de la boda, el sacerdote dice:
—Los novios pueden besarse.
A lo que ella responde:
—Ahora no. Me duele la cabeza.

*

Un hombre le pregunta a un amigo:
—¿Tú te acostaste con tu mujer antes de que estuvierais casados?
—No. ¿Y tú?
—Yo sí, pero sólo porque me prometió que iba a dejarte.

*

Un hombre le pregunta a su amigo:
—Y tu suegra, ¿cómo es?
—Bueno, si viviera en la India, sería sagrada; y, si viviera en Inglaterra, estaría loca.

*

Durante el primer año de casados, el hombre habla y la mujer escucha; durante el segundo, la mujer habla y el hombre escucha; y, a partir del tercero, el hombre y la mujer hablan, y todo el vecindario escucha.

*

Un hombre le dice a otro:
—Yo, cuando discuto con mi mujer, siempre tengo la última palabra.
—¿Sí?
—Sí. Siempre digo «Como tú quieras, cariño».

*

Un matrimonio está en la cama de madrugada cuando oyen un ruido, y la mujer dice:
—¡Pepe, creo que hay ladrones en casa! Asómate por la puerta para que crean que tenemos perro.

*

Un hombre le pregunta a su suegra:
—Y a usted, María, ¿en qué le gustaría reencarnarse?
—A mí, en una cobra.
—No, eso no vale. No se puede repetir...

*

Un hombre le dice a otro:
—Quiero que sepa que yo amo a su hija de verdad, y que no estoy con ella porque usted sea rico.
—¿De cuál de mis tres hijas me habla?
—Oh, de cualquiera de ellas...

*

Un hombre le peguntа a su hija pequeña:
—¿Quién es la persona a la que más quieren mamá y papá?
—Papá no sé; mamá, al fontanero...

*

Una mujer que está pensando en casarse le pregunta a su padre:
—Papá, ¿sabes dónde tiene mamá guardado su traje de novia?
—¡No me digas que estás embarazada!
—No, claro que no.
—Ah, entonces seguro que no te sirve...

*

Un hombre que está en casa de un amigo, pregunta:
—¿Sabes qué día es hoy?

—No... ¡María!, ¿sabes que es hoy?
—¡Impotente!
—Quiero decir de día, mujer.
—¡De día, eres un cornudo!

*

Dos mujeres están hablando sobre sus matrimonios, y una pregunta:
—¿Y qué tal tu vida sexual?
—Pues horrible, la verdad. Hay veces en que mi marido se duerme durante el acto.
—Bueno, entonces no está tan mal; mi marido se duerme siempre «antes» del acto.

*

Una mujer le dice a su novio:
—Pepe, estoy embarazada. ¿Qué quieres que sea?
—¡Quiero que no sea mío!

*

Un matrimonio está atravesando un puente, cuando la mujer dice:
—Manolo, si yo me cayera al agua, ¿tú saltarías para salvarme?
—¿Si te digo que «por supuesto», saltas, querida?

*

Una mujer se queja a una amiga:
—Lo que más odio de mi marido es que empiece a contarme un chiste y me deje a la mitad.
—Pues lo que más odio yo del mío es que me deje a la mitad y luego empiece a contarme un chiste...

*

Una mujer le pregunta a su marido en el día de su aniversario:
—Manolo, ¿no se te ha ocurrido comprarme flores?
—Sí, claro, Maruja. En cuanto estés muerta...

*

Un hombre se cruza con un amigo, y le dice
—Me he enterado de que acabas de divorciarte. Ha debido de ser bastante duro, ¿no?
—¿Duro, dices? ¡Ha sido casi imposible!

*

En la noche de bodas, una mujer le dice a su reciente marido:
—Cariño, sé que vamos a tener dos niñas y un niño.
—¿Ah, sí? ¿Y cómo puedes estar tan segura?
—Porque hasta ahora han estado escondidos en la casa de mi madre.

*

Un hombre que está con su amigo en el balneario de un gimnasio, le dice:
—¡Pero, Paco, ¿desde cuándo llevas tú ropa interior de mujer?!
—Oh, desde que mi mujer la encontró en la guantera de mi coche…

*

Dos hombres que están juntos en un bar, ven a lo lejos a dos mujeres que se acercan, y uno dice:
—¡Vaya por Dios! Por ahí vienen mi mujer y mi amante.
—Joder, me has quitado las palabras de la boca.

*

Una niña le pregunta a una amiga:
—¿Y ese novio tuyo de treinta años ya sabe tu edad?
—Bueno… un poquito.

*

Un obrero llega a su casa, y durante la cena le cuenta a su mujer:

—Pues fíjate tú qué calamidad: hoy Pepe se ha caído del andamio y se ha matado. Dicen que a su mujer van a darle diez mil euros de indemnización.

—¡¿Y por qué no estabas tú trabajando junto a tu compañero, eh?!

*

Un hombre va a salir de casa, y su mujer le dice:

—Pepe, no puedes llevarte el coche.

—¿Por qué?

—Porque se ha mojado el delco y no va a arrancar.

—¡¿Y cómo sabes tú eso?!

—Porque el coche está en el fondo del río.

*

'na pareja de novios va en el tren del eurotúnel y, cuando salen de él, el hombre dice:

-Si llego a saber que era tan largo, creo que habría aprovechado para echarte n polvete…

-Ah, ¿pero no has sido tú?

*

n hombre le dice al conserje de un hotel:

-¡Ocurre algo terrible! ¡Mi mujer quiere suicidarse tirándose por una ventana!

-Oh, no se preocupe. En este edificio es imposible abrir las ventanas.

-¡Eso es lo terrible!

*

n hombre le dice a su mujer:

Cariño, cuando cumplamos las bodas de plata te llevo a Cuba.

¡¿Ah, sí?! ¿Y qué harás cuando cumplamos las de oro?

Igual voy a Cuba a buscarte…

*

a mujer le dice a otra:

Pues mi primer novio era alpinista, y acabé casándome con un oftalmólogo.

Para que tú veas…

*

En la noche de bodas, la mujer le dice a su marido:
—Cariño, voy a ponerme una cremita.
—Vale. Y yo voy a ponerme morado.

*

Un hombre que acaba de conocer a los padres de su novia, le dice:
—Creo que tu padre piensa que soy medio tonto.
—No te preocupes. Eso es porque sólo te conoce a medias.

*

Un hombre va a casa de los futuros suegros, y le dice al padre de su novia:
—Quería pedirle la mano de su hija.
—¿Y ha hablado ya con mi mujer?
—No, pero, sinceramente, prefiero a su hija.

*

En la noche de bodas, un torero le confiesa a su mujer:
—María, debes saber que me falta un testículo.
—Y tú, Paco, debes saber que estoy embarazada de otro.
—¡Pero lo mío fue por una corrida desafortunada!
—¡¿Y cómo crees tú que fue lo mío?!

*

En su lecho de muerte, un hombre le pregunta a su mujer:
—Pepa, antes de morir quiero saber si alguna vez me has sido infiel.
—Sí, hombre. ¿Y si al final no te mueres, qué?

*

Un hombre le dice a otro:
—Mi mujer se ha fugado con mi mejor amigo.
—¿Ah, sí? ¿Y cómo se llama ese desgraciado?
—No tengo ni idea.

*

Un hombre va a una funeraria porque se ha muerto su suegra, y allí le pregunta
—¿Qué prefiere usted, que la enterremos, que la incineremos o que la embalsamemos?
—Las tres cosas, que más vale no correr riesgos…

*

Un hombre le pregunta a un amigo:
—Y tú mujer, ¿qué tal es en la cama?
—Pues no sabría decirte; para unos es buena y, para otros, mala.

*

Jn hombre le dice a su mujer:
—Cariño, hoy nos vamos los dos de putas: yo con Lolita y tú con tu puta madre.

*

Jna amiga le dice a otra:
—A partir de ahora tengo que tener nuchísimo cuidado para no quedarne embarazada.
—Pero, ¿tu marido no acaba de haerse la vasectomía?
—Pues por eso, Maruja, pues por eso.

*

Jn hombre se encuentra con un amio suyo, y ve que tiene toda la cara rañada:
–Pero, ¿qué te ha pasado, hombre?
–Es que vengo del entierro de mi suera… ¡Y la muy perra se ha resistido!

*

na mujer le dice a una amiga:
-He decidido dejar a mi marido. Anoche fue la gota que colmó el vaso. Estaba la cama después de hacer el amor, y él me pegó.
-¿Anoche? Pero si yo pensaba que tu marido estaba de viaje y que no volvía sta hoy.
-Sí. Eso mismo pensaba yo.

*

n hombre que está casado con una mujer feísima le dice a otro:
-Pues yo nunca me separo de mi mujer.
-Eso es amor.
-No. Eso es para no tener que darle un beso de despedida.

*

Una mujer le dice a un solterón empedernido:
—¿Y usted no piensa casarse nunca?
—¿Para qué? Tengo dos hermanas gemelas que me hacen todo.
—Sí, pero sus hermanas no pueden darle ciertas cosas…
—¿Y quién ha dicho que sean mis hermanas?

*

Una mujer le pregunta a una amiga:
—¿Y por qué quieres divorciarte?
—Porque mi marido me trata como a un perro.
—¡¿Él te pega?!
—No. Quiere que le sea fiel.

* * *

FEMINISTAS

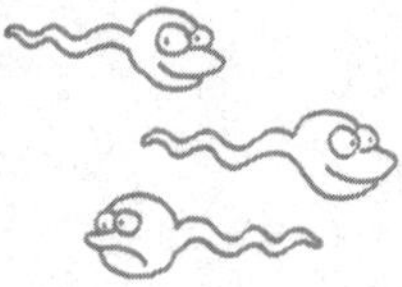

—¿A qué le llama un hombre previsión de futuro?

—A comprar dos packs de cerveza antes de que empiece el partido, en luga de uno.

*

—¿Por qué Dios creó al hombre antes que a la mujer?

—Porque necesitaba hacer una prueba antes de llevar a cabo su obra maestra.

*

—¿De qué trata el libro más fino del mundo?

—De lo que saben los hombres acerca de las mujeres.

*

—¿Cómo se sabe que un hombre está excitado sexualmente?

—Viendo si respira.

*

—¿En que parecen los hombres y las botellas de cerveza?

—En que los dos están vacíos de cuello para arriba.

*

—¿Cuántos hombres hacen falta para cambiar un rollo de papel higiénico?

—No se sabe. Eso es algo inédito.

*

—¿Por qué las mujeres se preocupan más por su aspecto físico que por desar llar su intelecto?

—Porque casi todos los hombres son unos burros, pero muy pocos son cieg

*

—¿Por qué creó Dios a los hombres?
—Porque los vibradores no son capaces de tirar la basura.

*

—¿Cuál es el mejor modo de llegar al corazón de un hombre?
—Con un cuchillo, a través de su pecho.

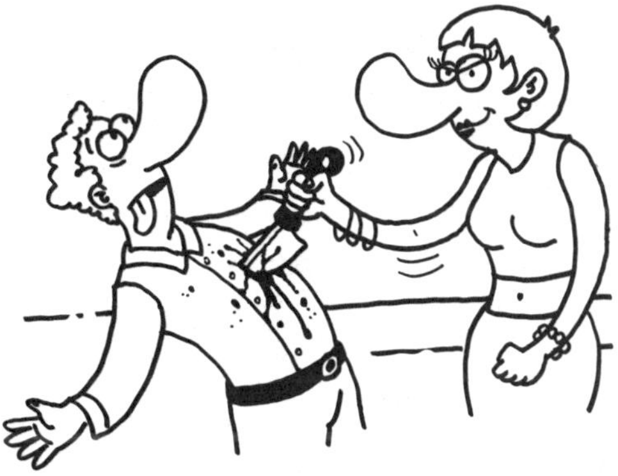

*

–¿Por qué los hombres dicen tantas palabrotas?
–Para poder lavarse luego la boca con cerveza.

*

–¿Cómo se llama el cacho de carne inútil que rodea el pene?
–Hombre.

*

…s únicas palabras sensatas que un hombre pronuncia son las que empiezan por …Mi mujer dice que…».

*

–¿En qué se parecen los hombres y las pizzas?
–En que siempre llegan calientes a tu casa.

*

…ay pocas mujeres que digan su verdadera edad, y menos hombres aún que se …mporten de acuerdo a su edad.

*

Un hombre le dice a su mujer:

—No sé por qué te pones sujetador, si no tienes con qué rellenarlo.

—Tú te pones calzoncillos, ¿verdad?...

*

La razón por la que los hombres saben leer un mapa y las mujeres no es que sól un hombre es capaz de entender que un centímetro equivale a un kilómetro.

*

—¿En qué se parecen los hombres y los mocos?

—En que siempre aparecen más, por mucho que consigas quitártelos de encima

*

—¿Cómo se le llama a un hombr educado, sensible y ordenado?

—Un mito.

*

—¿Cómo se le da a un hombre u susto de muerte?

—Escondiéndose detrás del sofá lanzándole un puñado de arroz.

*

—¿Por qué los hombres se muer antes que las mujeres?

—¿A quién le importa?

*

Dale a un hombre un pescado, tendrá comida para un día. Ens ñale a pescar, y estará un día ente sentado en un bote, bebiendo ce veza.

*

Una mujer le pregunta a su marido:

—¿Sabías que las mujeres son más inteligentes que los hombres?

—No.

—¿Ves a qué me refiero?

*

Un hombre va a una sesión con un médium, que logra contactar con su mujer fallecida:

—Cariño, ¿eres feliz?

—Oh, sí, mucho más que contigo.

—El Cielo debe ser, entonces, un lugar maravilloso.

—No estoy en el Cielo…

*

—¿En qué se parecen los hombres y las cabinas públicas?

—En que la mayoría no funcionan, y las que funcionan están ocupadas.

*

Una mujer le pregunta a una tía suya:

—Tía, ¿por qué nunca llegaste a casarte?

—Tengo un perro que no me deja dormir, un papagayo que lo mancha todo, y hasta un gato que se pasa la noche fuera de casa… ¿Para qué necesito un marido?

*

Los hombres son una prueba clara de que las mujeres tienen sentido del humor.

*

Una mujer le dice a su marido:

—Esta noche has quedado como un completo imbécil. Sólo espero que nadie se haya dado cuenta de que estabas sobrio.

*

—¿En qué se parecen el parchís y los hombres?

—En que, cuando se comen una, cuentan veinte.

*

—¿Qué es un folio en blanco para los hombres?

—Su lista de deberes en las tareas de casa.

*

—¿Cómo se escoge al hombre más burro del mundo?
—Al azar.

*

—¿Qué harían las mujeres si se extinguiesen los hombres?
—Domesticar otro animal.

*

—¿En qué se diferencian un camión lleno de cerdos y un camión lleno de hombres?
—En la matrícula.

*

Un hombre le dice a su vecina:
—¡María, que tu Paco va a tirarse por la ventana!
—Este imbécil... le he dicho que ahora tiene cuernos, no que tenga alas...

*

—¿En qué se parecen los hombres y las telenovelas?
—En que la cosa se acaba justo cuando empezaba a ponerse interesante.

*

—¿Por qué murieron más mujeres que hombres en el Titanic?
—Porque la mierda flota.

*

—¿Por qué hacen falta millones de espermatozoides para fertilizar un solo óvulo
—Porque ninguno quiere pararse a preguntar el camino.

*

—¿Cuáles son los tres animales preferidos de una mujer?

—Un Jaguar en la puerta, un tigre en la cama y un burro que pague todos los gastos.

*

—¿Por qué los hombres no tienen que preocuparse por el síndrome de las vacas ocas?

—Porque son unos cerdos.

*

—¿Por qué los hombres se sientan siempre con las piernas abiertas?

—Para no estrujarse el cerebro.

*

—¿Por qué la mantis religiosa le arranca la cabeza al macho justo después del exo?

—Para no tener que oírle roncar.

*

—¿En qué se parecen los hombres y los caracoles?

—En que los dos son babosos, cornudos y se arrastran.

*

—¿Cuál es un sinónimo de circuncisión?

—Trepanación.

*

—¿Por qué las mujeres tiene poderes telequinéticos?

—Porque consiguen que las cosas se levanten, sin tocarlas y a distancia.

*

os hombres son como la publicidad: la mitad de lo que dicen es mentira, y la ra mitad, una exageración.

*

—¿Qué le ocurre a un hombre al que le cortan el pene?

—Que por fin empieza a pensar con la cabeza.

*

¿Por qué hay más mujeres que hombres?

Porque la Madre Naturaleza es sabia.

*

—¿Cuáles son las medidas de un hombre perfecto?
—Noventa-sesenta-noventa. Noventa años, sesenta segundos de vida y noventa millones de euros en el banco.

*

—¿Por qué los hombres son inútiles?
—Porque tienen tetas que no dan leche, un pájaro que no canta y unas pelotas que no ruedan.

*

—¿En qué se parecen un hombre y un columpio?
—En que los cinco primeros minutos divierte, pero luego marea.

*

—¿Por qué los hombres son como los chicles?
—Porque cuanto más te esfuerzas por quitártelos de encima, más se pegan a ti.

* * *

GAYS Y LESBIANAS

Un amigo le dice a otro:
—¡¿Acabo de enterarme de que Alejandro es homosexual?!
—Que no, hombre, que no. ¿Cómo va a ser homosexual, si no tiene estudios y además es maricón?

*

Un gay lee en el periódico un artículo sobre la telepatía de los gemelos y de algunas parejas de enamorados, y le dice a su novio:
—Oye, churri, si a mí me pegaran un tiro, ¿tú lo sentirías?
—¡Pues claro! Yo soy marica, no sorda.

*

Arturo y Vicente deciden hacer un intercambio de parejas. Y, en medio de la noche, Arturo le dice a Vicente:
—Me pregunto qué estarán haciendo nuestras mujeres…

*

Un bisexual está rellenando el formulario para sacarse el DNI, y le dice al policía:

—Aquí, donde pone «Sexo», ¿no puedo poner hombre y mujer?

*

A la entrada de un cine, un hombre le toca en el hombro a un gay y le pregunta:

—¿Ésta es la cola?

—No, morenazo. La cola está más abajo, y es toda tuya.

*

Un gay acaba de salir del agua, en la playa, y otro le pregunta:

—¿Qué tal está el agua?

—Uy, está tan fría que jode.

—¡Entonces voy de culo!

*

Un hombre va al médico, y dice:

—Verá, doctor, sospecho que soy homosexual, pero no estoy seguro, ¿podría hacerme algún tipo de prueba?

El médico le hace abrir la boca, y le dice:

—Diga noventa y nueve.

—Noventa y nueve.

Luego, el médico le mete el dedo en el culo, y le dice:

—Diga otra vez noventa y nueve.

—Uuuunoooo… doooos… Treeees...

*

Un gay que está haciendo la mili ve pasar a un oficial, y le dice:

—Adiós, guapo.

—¡¿Cómo que adiós, guapo?! ¡¿No ha visto las estrellas de mis galones?!

—Uy, perdón. Entonces, adiós cielo.

*

—¿Cuál es la estación del año preferida de los gays?

—El ver-ano.

*

ste esta era un gay tan marica, tan marica, tan marica, que apagaba siempre la z para ver si se lo comía el coco.

*

En la mili, dice el sargento:

—¡A numerarse!

—Uno, dos, treeeessss (con voz de gay), cuatro, cinco, otro treeeessss…

*

Un hombre está en un urinario y, hablando consigo mismo, dice:

—¡Menudo negocio que tengo entre las manos!

Y un gay que está al lado dice: —¡Pues yo tengo un culo para los negocios…!

*

Un hombre le pregunta a un gay:

—¿Me da usted hora, por favor?

—Ahora y cuando tú quieras, guapetón

*

—¿En qué se parecen un fumador empedernido y un gay?

—En que, si no tienen cigarros como Dios manda, los dos fuman colillas.

*

En una boda de gays, el juez dice:

—Van Holsen, ¿quieres a Van Reiken como legítimo esposo?

—Sí.

—¿Y tú, Van Reiken, quieres a Van Holsen como legítima esposa?

—Sí.

—Muy bien. Pues ya podéis iros a tomar por culo.

*

Un gay le dice a otro:

—Si aciertas esta adivinanza, te dejo que me des por culo… ¿Qué tiene cuatr patas, está cubierto de pelo, y dice Miau?

—Un perro.

—¡Ganaste!

*

Un hombre se confiesa:
—Padre, me he acostado con el cura del pueblo de al lado.
—Está bien, hijo. Reza dos avemarías, y la próxima vez que sientas la tentación recuerda que ésta es tu parroquia.

*

Un gay le dice a otro:
—Pues yo acabo de registrar un nombre de dominio.
—¿Ah, sí? ¿Y cómo se llama? ¿José Mari punto com?
—No. José maricón y punto.

*

—¿Cuál es el primer síntoma del sida?
—Una desazón en el culo…

*

—¿Cuál es el mejor modo de acomodar a cuatro gays en un banco?
—Dándole la vuelta.

*

n gay entra en una frutería, y le pide al tendero el pepino más grande que nga:
-¿Quiere que se lo parta en rodajas?
¡Uy, no, por Dios! ¡Que mi culo no es una hucha?

*

—¿En qué se parecen un gay y un sostén?
—En que los dos se abren por detrás.

*

Un hombre dice:
—Dame un beso.
—No.
—Dame un beso. No seas tonto.
—¡Que no!
—Pero, si todas las parejas se besan…
—¡Las de la Guardia Civil no!

* * *

JAIMITO

—A ver, Jaimito, dime qué es esto.
—Una piedra.
—Sí, pero, ¿de qué clase?
Un compañero le sopla a Jamitio: —Basalto.
—¡UNA PIEDRA!

*

—A ver, Jaimito, ¿cómo mató David a Goliat?
—Con una moto.
—Será con una honda.
—Pues eso; con una moto.

*

—A ver, Jaimito, en la frase «Juana está disfrutando», ¿dónde está el sujeto?
—¡Pues encima de Juana, claro!

*

Una profesora explica:
—La sublimación es el paso directo del estado sólido al gaseoso... A ver, Jaimito, ¿puedes darme un ejemplo de sublimación?
—Sí. Eso es lo que pasa después de comerme un plato de garbanzos...

*

Jaimito encuentra a su madre desnuda, y le pregunta:
—Mamá, ¿qué es eso?
—Un hachazo, hijo.
—¡Pues te ha dado en todo el coño!

*

—A ver, Jaimito, ¿por qué Robin Hood robaba a los ricos?
—Porque los pobres no tienen nada que puedan robarles.

*

En clase de matemáticas, la profesora dice:
—A ver, Jaimito, si en un bolsillo tienes cincuenta euros, y en el otro veinte más, ¿qué tienes?
—Los pantalones de otro, seguro…

*

—A ver, Jaimito, dame un ejemplo de algo redondo y con pelos.
—Las bolas de Villar.
—Pero, si las bolas de billar no tienen pelos…
—¡Claro que sí! ¡Villar, enséñale las bolas a la profesora!

*

—A ver, Jaimito, ¿cuál es el principio de Arquímedes?
—Pues la «A», profesora.

*

La madre de Jaimito le pregunta:
—¿Qué has visto en el museo, Jaimito?
—El esqueleto de un dinosaurio.
—¿Uno de verdad?
—Sí. En carne y hueso.

*

—A ver, Jaimito, dime el presente del verbo nadar.
—¡YO NADO, TÚ NADAS, ÉL NADA…!
—Más bajo, Jaimito.
—Yo buceo, tú buceas, él bucea…

*

En clase de religión, el profesor pregunta:
—A ver, Jaimito, ¿quién es Satanás?
—Pues teniendo en cuenta lo que he descubierto del ratoncito Pérez y de los Reyes Magos, yo diría que Satanás son los padres.

*

Una señora gordísima le pregunta a Jaimito:
—¿Y qué vas a hacer cuando seas tan grande como yo?
—Una dieta rigurosa, señora.

*

Una profesora muy fea le pregunta a Jaimito:
—A ver Jaimito, si digo, por ejemplo, «estoy buscando marido», ¿en qué tiempo estoy hablando?
—En tiempo perdido, profesora.

*

—A ver, Jaimito, ¿a qué se dedican tus padres?
—Pues mi padre es cura, y mi madre monja.
—Ah, ¿es que colgaron los hábitos?
—No. Les bastó subírselos hasta la cintura.

*

—A ver, Jaimito, ¿cómo se llaman los de Cádiz?
—¡¿Todos?!

*

—A ver, Jaimito, ¿por qué no viniste ayer a clase?
—Porque se murió mi abuela.
—¡Es la segunda vez esta semana!

*

Jaimito le dice a su profesora:
—Señorita, estoy enamorado de usted.
—Lo siento, Jaimito, pero a mí no me gustan los niños.
—No se preocupe; tomaremos precauciones.

*

—A ver, Jaimito, dime tres miembros de la familia de los felinos.
—Papá león, mamá leona e hijito león.

*

Después del primer día de clase de su hijo, la madre de Jaimito le pregunta:
—¿Qué has aprendido hoy, Jaimito?
—Pues no lo suficiente, por lo visto, porque tengo que volver mañana.

*

—Dime, Jaimito, ¿qué te pone en los huevos tu madre: sal o pimienta?
—Ninguna de las dos cosas, señorita. A mí me pone polvos de talco.

*

—A ver, Jaimito, ¿tú qué quieres ser de mayor?
—Yo, idiota.
—¡¿Y eso?!
—Porque mi padre siempre dice «Mira el Ferrari que tiene ese idiota», «Mira lo buena que está la mujer de ese idota»…

*

—A ver, Jamitio, ¿cuántos años tengo yo?
—Veintiocho.
—¡¿Cómo lo has sabido?!
—Porque mi hermana tiene catorce y es medio gilipollas.

*

—A ver, Jaimito, ¿cuántos ceros tiene un millón?
—Seis.
—¿Y medio millón?
—Tres.

*

—A ver, Jaimito, dime cuánto son dos por tres. ¡Rápido!
—Veintisiete.
—Muy mal; son seis.
—Ah, usted me pidió rapidez, no precisión.

*

aimito le dice a su abuelo:
—Muchas gracias por el regalo.
—Oh, hijo, era sólo una tontería de nada…
—Eso le he dicho yo a mamá, pero ella ha insistido en que te diera las gracias de odos modos.

*

—A ver, Jaimito, ¿cuál es la mitad de uno?
—¿El ombligo?

*

Jaimito ve a una tía suya, y le pregunta:

—¿De dónde vienes?

—Del salón de belleza.

—Ah, y estaba cerrado, ¿no?

*

—A ver, Jaimito, si «yo fui a Almería» es pasado, ¿qué es «yo soy guapa»?

—Una grandísima mentira.

*

—A ver, Jaimito, ¿a qué especie pertenezco yo?

—No sé, profesora. Mi madre dice que usted es una vaca, y mi padre que usted es una zorra.

*

—A ver, Jaimito, dime un ejemplo de una coincidencia.

—Mi papá y mi mamá se casaron el mismo día.

*

—A ver, Jaimito, si tuvieras diez caramelos y Jorgito te pidiera cinco, ¿con cuántos te quedarías?

—Con los diez.

*

—A ver, Jaimito, ¿cómo te imaginas la escuela ideal?

—Cerrada a cal y canto, profesora.

* * *

JUECES Y ABOGADOS

Un juez le dice al condenado:

—Puede elegir entre un mes de cárcel o una fianza de cien mil euros.

—Entonces, ¡me quedo con los cien mil euros!

*

El fiscal le pregunta al acusado:

—¿Por qué le pegó dos tiros a su mujer?

—Porque la pistola se encasquilló.

*

Un abogado le pregunta a su cliente:

—¿Dónde estaba usted el doce de abril, a las diez de la noche?

—Estaba en mi casa, delante del reloj, y mirando el calendario.

*

Un hombre acusado de bigamia es finalmente absuelto, y cuando el juez le dic «Puede irse a su casa», él pregunta:

—¿A cuál de las dos?

*

Un juez le dice a un acusado:

—¿Usted es el abogado defensor?

—No, yo soy el que ha robado el coche.

*

—¿En qué se diferencian un cuervo y un abogado?

—En que uno es traicionero, despiadado y ladrón, y el otro es un inofensi pajarito.

*

Un juez le pregunta a una mujer:

—¿Y por qué quiere usted el divorcio?

—Porque mi marido tiene amnesia.

—Pero, ¡ésa no es una razón para divorciarse!

—Lo es cuando mi marido se olvida siempre de que está casado, cada vez que se cruza con una jovencita.

*

Jn juez le pregunta al acusado:

—¿Usted mató a su mujer?

—No.

—¿Está diciendo la verdad? ¿Sabe usted cuál es la pena por perjurio?

—Sí. Mucho menor que la que te cae por asesinato.

*

Jn juez le dice a una acusada de asesinato:

—¿Y dice usted que su marido se clavó accidentalmente el cuchillo treinta y siete eces...?

*

n un proceso de divorcio, un juez le pregunta a una mujer:

—¿Por qué razón solicita usted el divorcio?

—Por adulterio.
—¿Y tiene pruebas?
—Sí. Cuatro hijos que no son de mi marido.

*

—¿Cuál es lema de los abogados?
—Todo hombre es inocente mientras no se le acabe el dinero.

*

—¿Qué le dice un buitre a un abogado?
—Tú ocúpate de los vivos, que yo me ocupo de los muertos.

*

—¿Por qué los vampiros nunca muerden a un abogado?
—Por cortesía profesional.

*

En una clase magistral de derecho, un abogado de renombre les dice a los alumnos:
—Y no olviden que, a lo largo de su vida profesional, a veces ganarán los juicios y otras veces los perderán... pero cobrarán siempre por todos ellos.

*

Un juez le pregunta al acosado:
—¿Y dice usted que robó las barras de pan porque tenía hambre...?
—Así es.
—¿Y por qué robó también todo el dinero de la caja.
—Porque no sólo de pan vive el hombre...

*

Si no fuera por los abogados, no nos harían falta los abogados.

*

A una persona que ayuda a un delincuente antes de que éste cometa un crimen se le llama cómplice. A la que le ayuda después de haberlo cometido se le llama abogado.

*

Un hombre se encuentra con un amigo, y le pregunta:
—¿Qué tal fue el juicio por tu divorcio?
—La cosa se repartió a parte iguales.

Un abogado lleva a su hijo a una de sus fincas, y al ver un rebaño enorme, el niño dice:

—Papá, ¿todo eso es ganado?

—No, hijo, es todo robado.

*

Un hombre va a un abogado, y le dice:

—¿Cuáles son sus honorarios?

—Mil euros por cada tres preguntas.

—Pero, ¿eso no es una barbaridad?

—Quizá. ¿Cuál es su tercera pregunta?

*

—¿Una mitad para ti y la otra para tu nujer?

—No, una mitad para mi mujer y otra ›ara su abogado.

*

—¿Cómo se sabe a qué especie perte- ıece un abogado?

—Se pone un gato cerca de él: si el ato huye, es porque el abogado es un erro; si lo ataca, es porque es una rata.

*

n un juicio, el ayudante le dice a una señora:

—¿Cuántos años tiene usted?

—Veintiocho.

—Muy bien. Ahora, ¿jura decir la verdad, toda la verdad y nada más que la verdad?

*

n fiscal le dice al acusado:

—No puede negar que ha robado la joyería. Tengo a cinco testigos que le vieron ıcerlo.

—¡¿Y a mí qué?! Yo puedo traerle a cinco mil que no me vieron hacerlo.

* * *

LEPE

—¿Por qué en Lepe echan ajo en la carretera?
—Porque dicen que es bueno para la circulación.

*

—¿Qué es un esqueleto dentro del armario?
—Uno de Lepe que estaba jugando al escondite.

*

—¿Por qué en Lepe ponen azúcar bajo la almohada?
—Para tener dulces sueños.

*

—¿Por qué en Lepe meten botellas vacías en la nevera?
—Por si los invitados no quieren tomar nada.

*

—¿Por qué en Lepe los hombres nunca terminan de entrar en la cocina?
—Porque hay un bote que pone «Sal».

*

—¿Por qué en Lepe las mujeres van al ginecólogo en grupos de diez, once, doc
o trece mujeres?
—Porque en la puerta dice: «Consultas de diez a trece».

*

—¿Por qué en Lepe las mujeres llevan jaulas a la iglesia?
—Por causa del Ave María.

*

—¿Por qué en Lepe cierran los ojos cuando se ponen crema?
—Porque en el bote dice Nivea.

*

—¿Por qué en Lepe hablan con el teléfono en el suelo?
—Para que no se les caiga la llamada.

*

—¿Por qué en Lepe echan Vicks Vaporub en las calles?
—Para descongestionarlas.

*

—¿Para qué usan el Lepe los perros guía?
—Para buscar números de teléfono.

*

—¿Cómo se sabe que el zorro que ha caído en un cepo es de Lepe?
—Porque después de arrancarse tres patas aún sigue preso.

*

Noticia: Un suicida de Lepe mata a su hermano gemelo por equivocación.

*

—¿Por qué en Lepe construyen las iglesias con unas puertas muy altas?
—Para que puedan entrar en ellas el Altísimo.

*

—¿Cómo se sabe que uno de Lepe ha estado usando el Word?
—Porque la pantalla está llena de Tipp-Ex.

*

—¿Por qué en Lepe se toman los Tetra Briks en los supermercados?
—Porque dicen «Abrir aquí».

*

—¿Por qué en Lepe meten cubitos de hielo en el reproductor de DVD?
—Para poder congelar la imagen.

*

Un lepero le dice a su hijo:
—¡Quillo, ajusta la tele!
—¡Buuuu!

*

—¿Por qué las mujeres de Lepe hacen la sopa de paquete con mucho cuidado?
—Porque en el envoltorio dice «Concentrada».

*

—¿Por qué en Lepe hacen las compras de rodillas?
—Para encontrar los precios más bajos.

*

—¿Por qué en Lepe tiran los relojes por la ventana?
—Para poder decir que el tiempo pasa volando.

*

—¿Cómo hacen en Lepe la leche en polvo?
—Pulverizando vacas.

*

—¿Por qué en Lepe hacen los establos redondos?
—Para que los caballos no cojan la peste «esquina».

*

—¿Por qué en Lepe los plenarios del ayuntamiento nunca caen en viernes?
—Porque nadie sabe si se escribe con «v» o con «b».

*

—¿Por qué en Lepe plantan los naranjas en triángulo?
—Para obtener Trinaranjus.

*

—¿Por qué en Lepe nadie se salta los semáforos?
—Porque a nadie se le ocurre cómo pasar por encima con el coche.

*

—¿Por qué en Lepe los miopes se pone tortuguillas en los ojos?
—Porque son lentillas.

*

En la final de la Copa del Rey, juegan el Real Madrid y el Lepe Fútbol Club. Un minuto antes del final, el Lepe mete un gol, y su entrenador grita:
—¡Ahora, a aguantá, a aguantá!
Y los de Lepe se liaron a palos con los jugadores del Madrid.

*

—¿En cuántas partes se divide el cerebro de un lepero?
—Depende de la fuerza del golpe.

*

Un lepero gay le cuenta a otro:
—Ayer fui al médico, porque hace una semana que me duele la garganta.
—¿Y te reconoció?
—Sí. Me dijo: «Tú, maricón, entra y siéntate».

*

Una pareja de enanos leperos entra en una droguería, y el hombre dice:
—Quería una botella de Mistol.
—¿Para la vajilla?
—¡Aquí va a haber hostias!

*

—¿Por qué en Lepe se abanican con serruchos?
—Porque se han enterado de que el aire de la sierra es muy saludable.

*

En una conferencia sobre el sida, un conferenciante de Lepe dice:
—Hay que usar siempre preservativo.
Otro lepero pregunta:

—¿Por qué en Lepe nunca sirve
leche fría en los bares?
—Porque dicen que las vacas n
caben en la nevera.

*

—¿Por qué el cura de Lepe rez
siempre en el laboratorio fotográfi
co del pueblo?
—Porque está buscando una re
velación.

*

—¿Por qué en Lepe le dan antibió
ticos a los chorizos?
—Para que estén bien curados.

*

—¿Por qué en Lepe no se mojan
cabeza antes de echarse champú?
—Porque en el bote dice «Pa
cabellos secos».

*

—¿Por qué en Lepe hay siempre un forense en los partidos de baloncest
—Para medir los tiempos muertos.

*

—Pero, ¿siempre, siempre?
—Hombre, para mear y para follar no.

*

—¿Cómo se reconoce a un lepero en una clase de cien alumnos?
—Porque es el único que borra sus apuntes cada vez que el profesor borra
pizarra.

*

—¿Por qué en Lepe nadie quiere ir a misa?
—Porque han oído que, al final, el cura siempre reparte hostias.

*

—¿Por qué en Lepe ponen la televisión en el wáter?
—Para verla que te cagas.

*

—¿Por qué en Lepe tienen un centro de desintoxicación de neumáticos?
—Para que dejen de pincharse.

*

—¿Por qué en Lepe meten a las gallinas en la bañera?
—Para que den huevos pasados por agua.

*

—¿Por qué a los leperos les parece una tontería comprar Tetra Briks?
—Porque dicen «envasados al vacío».

*

—¿Por qué en Lepe no pueden aprovechar todo el rollo del papel higiénico?
—Porque viene con instrucciones de uso.

*

—¿Por qué en Lepe los hombres llevan escopeta a la iglesia?
—Porque van a la caza del Zeñor.

*

—¿Por qué en Lepe ya no ponen anuncios de Marlboro?
—Porque los leperos compraban caballos en vez de cigarillos.

*

Una lepera le dice a su novio:
—Pepe, estoy embarazada.
—Pero, María, ¿estás segura de que es tuyo?

*

Un hombre va a hacerse una exploración rectal, y resulta que el médico es de Lepe. El paciente dice:
—Pero, doctor, ¡¿por qué me mete usted dos dedos en vez de uno!?
—Para tener una segunda opinión…

*

Un lepero se cruza con un hombre, y dice:

—Hombre, Pepe, ¡cuántos años! Vaya, lo que has cambiado. Estás más flaco, más alto, ya no usas gafas, ni tienes barba y ¡te ha crecido el pelo cuando antes estabas calvo!

—Perdone, pero yo no me llamo Pepe.

—¡No me digas que hasta te has cambiado el nombre!

*

Un lepero recibe la noticia de que es estéril, y le pregunta al médico:

—¿Y eso es hereditario?

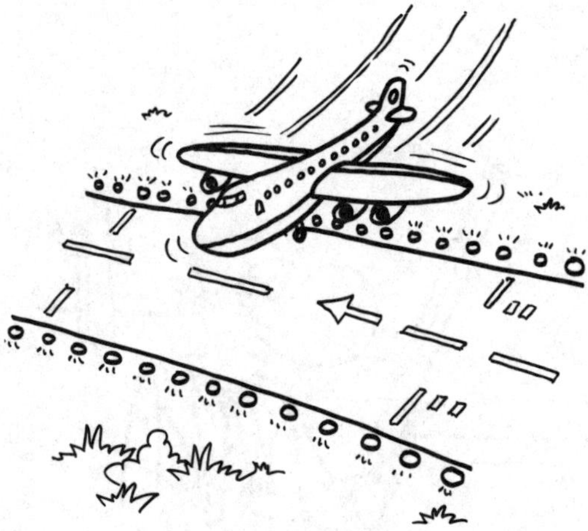

*

—¿Qué piensa un piloto de avione de Lepe cuando aterriza en un aero puerto?

—No entiendo por qué hace siempre las pistas tan cortas y ta anchísimas.

*

En un aeropuerto, se oye po megafonía:

—El vuelo hacia Madrid saldrá las 7:30, el vuelo hacia Santiago a l 8:30 y el vuelo hacia Lepe sald cuando la manecilla grande d reloj esté en las nueve y la pequeñ en las doce.

*

Un hombre va a un médico lepero, y dice:

—Doctor, me duele aquí.

—Pues póngase usted allí, hombre.

*

—¿Por qué creen en Lepe que los refrescos pueden dejarte ciego?

—Porque algunos se llaman «Seve na».

*

—¿Por qué en Lepe obligan a los policías a ir corriendo a todas partes?

—Para tener polideportivos.

*

De noche, un niño de Lepe le pregunta a su padre:

—Papá, ¿qué esta más lejos, la Luna o Sevilla?

—¡Pues Sevilla, hijo! Pareces tonto. ¿Tú consigues ver Sevilla desde aquí?

*

—¿Por qué en Lepe tiran a los delincuentes a un pozo, en vez de meterlos en la cárcel?

—Para que en el fondo sean buenos.

*

—¿Por qué en Lepe los cazadores furtivos usan botas blancas?

—Para no dejar huellas en la nieve.

*

—¿Por qué Lepe tiene veintisiete puentes?

—Porque no acertaron a construir los veintiséis anteriores sobre el río.

*

Tres leperos van a montar por primera vez en un avión, y están hablando sobre ello:

—Pues dicen que el avión coge cien por hora.

—Creo que no son cien, sino mil por hora.

—¡Si, hombre, mil por hora! ¡Y ahora me dirás que vuela!

*

—¿Por qué en Lepe siembran patatas en las plazas de toros?

—Para hacer patatas bravas.

*

—¿Cómo se muere un chino que viva en Lepe?

—De lepente.

*

—¿Por qué en Lepe llevan siempre un gato en el coche?

—Por si tienen un pinchazo.

*

—¿Por qué en Lepe van todo emperifollados a las ópticas?
—Para asistir a la graduación de sus gafas.

*

—¿Cómo se produjo la ultima muerte en Lepe?
—Una mujer se tiró por la ventana para probar una compresa con alas.

*

—¿Cómo intentan arreglar en Lepe las abolladuras de los coches?
—Soplando por el tubo de escape.

*

—¿Por qué en la iglesia de Lepe tienen metidos crucifijos en un horno?
—Para dorarlos.

*

—¿Por qué en Lepe llevan los coches a la cárcel en invierno?
—Para que les pongan cadenas.

*

—¿Por qué en Lepe construyen todos los edificios redondos?
—Para que los perros no se meen en las esquinas.

*

—¿Por qué en Lepe ponen hierba encima de los coches?
—Para que la baca no se muera de hambre.

*

—¿Por qué en Lepe compran siempre coches con nombres cortos?
—Porque creen que así pagarán menos letras.

*

—¿Por qué en Lepe no practican el esquí alpino?
—Porque no se les ocurre cómo subir a los pinos con los esquís puestos.

* * *

LOCOS

Un enfermero ve a un loco escribir una carta, y le pregunta:
—¿Para quién es esa carta?
—Para mí.
—¿Y qué dice?
—No sé; todavía no me ha llegado.

*

Un loco ve a otro que camina por el pasillo haciendo como si fuera una moto, le dice a un enfermero:
—Dígale que pare.
—¿Por qué? ¿Te molesta el ruido?
—No. Me molesta el humo.

*

Dos locos van montados en el autobús que los lleva al manicomio, y uno dic
—¿Has visto lo rápido que pasan los árboles?
—Sí. La próxima vez tenemos que venir en un árbol y no en un autobús.

*

—¿Por qué siempre hay que darle la razón a los locos?
—Porque la suya la han perdido.

*

Un loco ve a otros locos jugando con una pelota imaginaria, y dice:
—¿Puedo jugar?
—No.
—¡¿Ah, no?! ¡Pues entonces me llevo la pelota!

*

Un loco se cruza con otro que va andando muy deprisa, y le pregunta:
—¿Adónde vas con tanta prisa?
—No lo sé. Pero llego tarde…

*

Un hombre ve a un loco riéndose a carcajadas él sólo, y le pregunta:
—Pero, ¿por qué se ríe usted tanto?
—Es que acabo de contarme un chiste buenísimo que no me sabía.

*

Un loco cierra el puño, y le pregunta a otro:
—¿A qué no sabes qué tengo en la mano?
—Un elefante.
—Sí, bueno… Pero, ¿a qué no sabes de qué color es?

*

Jn loco se pone a hacer caca en un pasillo del manicomio. El enfermero lo descubre, y dice:
—¡Eso no se hace! ¡Voy a tener que dar parte al director!
—Por mí, se la puedes dar toda.

*

Jn hombre le pregunta a un enermero:
—Y a ése, ¿por qué le llaman ol?
—Porque está loco de remate.

*

n loco que tiene una linterna dice a otro:
—¿A qué no te atreves a subir or la luz de la linterna?
—Pero, ¿tú te crees que yo estoy co? ¿Y si cuando llego arriba se ocurre apagarla, qué?

*

Un enfermero se cruza con un loco, y le dice:
—A ti iba yo a buscarte, precisamente.
—Pues nada, nada; ve, que yo te espero aquí mismo.

*

Un hombre se cruza con otro por la calle, y le avisa:
—Tenga cuidado. Han dicho que un loco se ha escapado del manicomio.
—¡Pero, ¿cómo ha conseguido verme, si son invisible?!

*

—¿De qué tiene miedo un esquizofrénico paranoico?
—De estar persiguiéndose a sí mismo.

*

Un loco habla con un psiquiatra, y le dice:
—Vera, doctor, tengo un problema: yo creo que soy una gallina...
—Ah, ya veo cuál es su problema.
—¿De verdad usted sabe si fui antes una gallina o un huevo?

*

En un psiquiátrico, un enfermero ve a uno de los pacientes pintando, y le pregunta:
—¿Qué haces?
—Estoy pintando un retrato de Dios.
—Pero, si nadie sabe qué aspecto tiene Dios.
—No, pero lo sabrán cuando yo pinte su retrato.

*

Un hombre va al psiquiatra, y éste le dice:
—Ya que es su primera sesión, ¿por qué no empieza por el principio?
—Al principio, todo era oscuridad, y YO creé la luz y los cielos...

* * *

MACHISTAS

—Para una mujer, ¿qué es una hoja blanca partida en dos?
—Un puzzle.

*

Un amigo le dice a otro:
—Hoy es el cumpleaños de mi mujer.
—¿Ah, sí? ¿Y cuántos cumple?
—Cuarenta tres, pero va a celebrar sólo treinta y dos.

*

—¿Por qué las mujeres no llaman al número de emergencia, 112?
—Porque no consiguen encontrar el 12.

*

Un hombre le dice a un amigo:
—Las mujeres deben tener realmente un sexto sentido.
—¿Por qué lo dices?
—Porque no tienen ni rastro de los otros cinco.

*

Un hombre le pregunta a su amigo:
—¿Cuál es el secreto de la buena relación con tu mujer?
—Es muy fácil. Se basa en la generosidad: yo doy y ella recibe.

*

Un hombre le dice a un compañero de trabajo:
—He oído que vas a casarte. ¿Y quién es la afortunada?
—Su madre.

*

Jn hombre le confiesa a un amigo:

—Mi mujer es tan frígida, que cuando bre la boca se le enciende una luz en el stómago.

*

—¿A qué le llama «arrugas» una mujer?

—A algo que tiene todo el resto del nundo y que, en ella, son líneas de expresión.

*

n hombre le aconseja a su amigo:

-Debes ser tolerante con los seres humanos.

-¿Por qué?

-Porque tus familiares son todos seres humanos, y algunos de los de tu mujer mbién.

*

-¿Por qué se dice de muchas mujeres que son «amas de casa»?

-Porque son ellas las que siempre se quedan con la casa después de divorarse.

*

n hombre puso un anuncio en el periódico: «Busco una mujer». Al día siguien- recibió diez mil cartas que decían: «Aquí tienes la mía».

*

s hombres no saben lo que es la felicidad hasta que se casan, y luego ya es masiado tarde.

*

n hombre le dice a otro:

¡Mi mujer es un ángel!

¡Qué suerte tienes!; la mía aún está viva.

*

hombre le cuenta a un amigo que su mujer se ha ido con otro, y el amigo gunta:

—¿Y no vas a vengarte?
—Claro que sí: voy a dejar que se quede con ella.

*

—¿Cuál es el único animal que tropieza siempre con la misma piedra?
—El hombre que vuelve a casarse.

*

—¿Cómo puede un hombre mantenerse eternamente joven, inteligente y guapo
—Regalando diamantes y abrigos de piel.

*

—¿Por qué ninguna mujer ha pisado aún la Luna?
—Porque no hace falta limpiarla.

*

—¿Cómo se le da más libertad a un a mujer?
—Ampliándole la cocina.

*

Se ha encontrado por fin la caja negra del Challenger. En la grabación, el pilo dice «Déjala, déjala que conduzca ella un rato».

*

—¿Cuál es la primera botella qu abre una mujer en Año Nuevo?
—La de «Fairy».

*

Una mujer va a abrir una cuen en un banco, y el empleado le pr gunta:
—¿Qué tipo de cuenta va a qu rer, señora González?
—Una conjunta, en la que marido meta el dinero y yo gaste.

*

—¿Por qué Dios creó antes hombre que a la mujer?

—Para que él pudiera decir algo antes de que ella se pusiera a hablar ininterrumpidamente.

*

Un hombre le explica a un amigo:

—El secreto de la felicidad de nuestro matrimonio es que lo hacemos todo al cincuenta por ciento: ella cocina, y yo como; ella limpia, y yo ensucio...

*

De media, los hombres y las mujeres dicen 40.000 palabras al día. El problema es que, cuando llega a casa, el hombre ha dicho ya 39.000, y su mujer aún no ha dicho ninguna de las suyas.

*

En una entrevista de trabajo, el entrevistador no entiende el nombre de la mujer, y le dice:

—¿Puede deletrear su nombre, por favor?

—S-U N-O-M-B-R-E.

*

—¿Cómo se puede convertir a una zorra en una vaca?

—Casándote con ella.

*

—¿En qué se diferencian un payaso y una mujer de sesenta años maquillada?

—En que el payaso sabe que su aspecto es ridículo.

*

Las mujeres siempre tienen la última palabra en las discusiones, porque cualquier cosa que diga un hombre después de ella es el principio de una nueva discusión.

*

Un hombre le cuenta a un amigo:

—Cuando discutimos, mi mujer se pone siempre histórica.

—Querrás decir «histérica».

—No, quiero decir histórica: todas sus frases empiezan por «Me acuerdo de aquella vez que...».

*

—¿Qué dice una mujer cuando le regalan un libro por su cumpleaños?

—Gracias, pero ya tengo uno.

*

Un ejemplo de la estupidez de las mujeres: si todos los hombres son iguales, ¿por qué les cuesta tanto decidirse por uno?

*

Las mujeres son una prueba de que la reencarnación existe: Nadie puede llegar a ser tan estúpido en una sola vida.

*

En el principio, Dios creó al mundo y descansó. Luego creó al hombre, y descansó. Por último, creó a la mujer. Y, desde entonces, ni Dios ha descansado.

*

Un hombre le dice a su amigo:
—Hace veinte años que no le hablo a mi mujer.
—¿Por qué? ¿Estás enfadado con ella?
—No, es que lleva hablando sin parar desde hace veinte años.

*

Hay tres tipos de mujeres: las inteligentes, las que están buenas, y la mayoría.

*

—¿Por qué en el Cielo sólo puede haber un veinte por ciento de mujeres?
—Porque, si no, se convertiría en el Infierno.

*

—Los científicos creen que el alcohol contiene hormonas femeninas, porqu cuando un hombre bebe demasiado actúa igual que una mujer: habla más de l cuenta, llora sin razón aparente, deja de saber conducir y se vuelve incapaz d razonar.

*

—¿Por qué las mujeres tienen los pies más pequeños que los hombres?
—Para poder acercarse más al fregadero.

*

—¿Por qué las mujeres se visten de blanco en la boda?
—Para estar a juego con el friegaplatos, la nevera y la lavadora.

*

Un padre está enseñando el álbum de bodas a su hijo, y le dice:
—Este es el día en que tu madre empezó a trabajar para nosotros.

*

—¿Por qué los casados son más gordos que los solteros?

—Porque los solteros llegan a casa, ven lo que hay en la nevera y se van a la cama, y los casados llegan a casa, ven lo que hay en la cama y se van a la nevera.

*

—¿Qué comida reduce la actividad sexual de las mujeres en un ochenta por ciento?

—El pastel de boda.

*

—¿Cómo es un cubo de Rubik para mujeres?

—Todo blanco por las cuatro caras.

*

Jna mujer le dice a su mejor amiga:

—Marta me ha dicho que le has contado el secreto que te pedí que no le conaras.

—¡Esa zorra! Le dije que no te lo contara.

—Bueno, no le cuentes que te lo he contado.

*

—¿Qué hace una mujer cuando e le rompe el reloj?

—Llama a alguien para que le rregle el horno.

*

)espués de una infidelidad, una nujer le dice a su novio:

—No voy a perdonarte ni aunque asen un millón de años.

—Es una pena, porque acabo de ɔmprarme un Ferrari y tengo dos illetes para París.

—¡Parece mentira cómo pasa el empo, ¿verdad?!

*

Una mujer le dice a una amiga:
—¿Por qué has dejado a Andrés? ¿No decías que tenía algo especial?
—Sí. Pero ya lo hemos gastado todo.

*

Una mujer le cuenta a otra:
—Lo de mi marido y yo fue amor a segunda vista.
—Querrás decir «a primera vista».
—No. La primera vez que lo vi no sabía que era millonario.

*

Si quieres volver loca de furia a tu mujer, no hables en sueños; simplemente, sonríe

*

Un hombre le dice a otro:
—Yo llevo felizmente casado una semana.
—¡Enhorabuena! ¿Cuándo fue la boda? ¿El domingo pasado?
—No. Hace treinta años.

*

Perder a tu mujer puede ser algo muy duro. De hecho, la mayoría de las vece resulta casi imposible.

*

—¿Qué le pasó al único hombre que consiguió entender a las mujeres?
—Que se murió de risa.

*

Un hombre de éxito es aquel que gana más dinero del que su mujer puede gas tar. Una mujer de éxito es la consigue casarse con un hombre como ese.

*

Una divorciada casada con un divorciado lo llama por teléfono y le dice:
—¡Ven deprisa a casa, que mis hijos y tus hijos están pegando a nuestros hijos

*

—El matrimonio es el triunfo de la imaginación sobre la inteligencia. Un segun do matrimonio es el triunfo de la esperanza sobre la experiencia.

*

Un millonario de 60 años acaba de casarse con una jovencita de 20, y un amig le dice:

—¿Cómo lo has conseguido, sinvergüenza?
—Oh, diciéndole que tengo 97 años.

*

—¿Cómo se muere una neurona en el cerebro de una mujer?
—Muy sola.

*

No hay opiniones estúpidas; sólo estúpidas que opinan.

*

—¿Qué hace una mujer entre la lavadora y el frigorífico?
—Una foto de familia.

*

—¿En qué tres partes se divide el brazo de una mujer?
—En brazo, antebrazo y fregona.

*

—¿Cuántas veces se ríe una mujer con un chiste?
—Tres: cuando se lo cuentan, cuando se lo explican y cuando lo entiende.

*

—¿Cuál es el único modo de hacer que una mujer se calle?
—Pedirle que te diga qué está pensando.

*

—¿En qué se diferencian la Bolsa en alza y las mujeres?
—En que la Bolsa tiende a subir, y las mujeres suben a tender.

*

Los hombres no son machistas. La culpa la tiene Dios, por haberles hecho superiores.

*

—¿Qué se obtiene dividiendo el número de mujeres entre el espacio que ocupan?
—La densidad media de estupidez.

*

—¿Por qué las mujeres van siempre al cuarto de baño de tres en tres?
—Para ver si entre todas consiguen averiguar cómo se tira de la cadena.

*

—¿Por qué las mujeres no pueden decir «me entra por un oído y me sale por otro»?
—Porque el sonido no se transmite en el vacío.

*

El hombre es un ser inteligente. La única excepción, tiene la regla.

*

—¿Qué es más tonto que un hombre tonto?
—Una mujer lista.

*

—¿Por qué los hombres tienen la culpa de la mayor parte de los accidentes de tráfico?
—Por dejarles el coche a sus mujeres.

*

—¿Cómo puede una mujer dejar con la boca abierta a un hombre?
—Consiguiendo mantener la suya cerrada durante un minuto seguido.

*

—¿Qué es una feminista?
—Una mujer que no tiene pelos en la lengua, salvo los de otra mujer.

*

—¿Qué método es infalible para reducir los accidentes de tráfico de las mujeres?
—Decirles que, si tienen un accidente, saldrá en el periódico su verdadera edad.

*

—¿Por qué las mujeres no sufren la crisis de los cuarenta?
—Porque cuando llegan a los treinta y nueve, empieza a cumplir años hacia atrás.

*

—¿Por qué Dios creó a la mujer?
—Porque cuando terminó de crear al hombre le sobraba una pieza que no servía para nada.

*

—¿En qué se parecen una mujer y un paracaídas?
—En que, si no se abren, no sirven para nada.

*

—¿Por qué Dios le dio un pene a los hombres?
—Para que tuvieran algún modo eficaz de hacer callar a las mujeres.

*

—¿En qué se parecen un genio y una prostituta?
—En que al genio se le pasan mil cosas por la cabeza, y la prostituta le pasan mil cabezas por la cosa.

*

—¿Por qué los hombres prefieren a las mujeres lloronas?
—Porque ya lo dice el refrán: «Quien no llora, no mama».

*

—¿Cuáles son la setenta cosas que hacen que una mujer valga la pena?
—El 69, y que sepa cocinar.

*

—¿Por qué las mujeres tienen la regla?
—Porque de algún modo tenían que pagar tanta estupidez.

*

—¿En qué se parece el sexo con la mujer de uno a un cigarro light?
—En que es una porquería, pero al menos sirve para quitar las ganas.

*

—¿En qué se parecen las mujeres y los ordenadores?
—En que ambos son poco inteligentes, pero tienen muchísima memoria.

*

—¿Por qué debe de ser cierto eso que dicen las mujeres de que ellas nunca se equivocan?
—Porque errar es humano.

*

—Si un hombre y una mujer se pegan un tiro en la cabeza, ¿quién tiene más probabilidades de sobrevivir?
—La mujer, porque es mucho más difícil que la bala le acierte en el cerebro.

*

—¿En qué se parecen las novias y los coches viejos?
—En que se calientan mucho pero al final acaban dejándote tirado a mitad de camino.

*

—¿Cuál es el equivalente femenino de dormir después del almuerzo?
—Fregar los platos.

*

—¿En qué se diferencian un hombre y una mujer con batas blancas?
—En que el hombre es un médico y la mujer, churrera.

*

Después de aparcar el coche, una mujer le pregunta a su marido que va con ella:
—Cariño, ¿me he quedado muy lejos de la acera?
—¿De cuál de las dos?

*

—¿Por qué a los hombres no les gustan las mujeres inteligentes?
—Porque las únicas mujeres inteligentes que existen son los transexuales.

*

—¿Por qué las mujeres ven siempre las películas pornográficas hasta el final?
—Porque tienen la esperanza de que la protagonista acabe casándose.

*

—¿En qué fecha se celebra el «Día de la mujer aviadora»?
—El once de septiembre.

*

—¿En qué se diferencian una puta y una hija de puta?
—En que la puta se acuesta con todos, y la hija de puta se acuesta con todos menos contigo.

*

Una mujer le dice a su marido:
—Confiésalo, Pepe, quieres más a tu coche que a mí.
—Que no, mujer, que no, ya te he dicho mil veces que os quiero igual.

* * *

MALA MEDICINA

—Doctor, todo el mundo me ignora.
—El siguiente, por favor.

*

—Doctor, doctor, dígame qué padezco.
—Udtez padece un ozito.

*

—Doctor, estoy perdiendo la memoria.
—¿Desde cuándo?
—¿Desde cuándo qué?

*

Una chica despampanante y s abuela van al médico, y éste l dice a la joven.
—Desnúdese, por favor.
—Pero, es mi abuela la que est enferma.
—Ah, entonces enséñeme la len gua, señora.

*

—Doctor, estoy poseso.
—Querrá decir poseído.
—Pos eso.

*

—Doctor, me duele la cabeza. ¿Qué me recomienda tomar?
—Muchas grageas.
—A usted, pero, ¿qué me recomienda tomar?

*

—Doctor, dígame la verdad, ¿estoy quedándome ciego?
—Doctora, soy una doctora.

*

—Doctor, creo que tengo corticolis.
—Querrá usted decir tortícolis; del italiano *torti colli,* cuello partido.
—No, quiero decir corticolis; del español, corto de cola.

*

Un médico le dice a su paciente:
—Tómese dos cucharadas de esto antes de acostarse, y si mañana consigue levantarse tómese otras dos.

*

—Doctor, quiero que me dé algo para poner a mi marido como un toro.
—Entonces, vaya desnudándose, que ahora vamos a empezar por ponerle los cuernos.

*

—Doctor, ¿tengo paperas?
—Paperas, no, pero sí pa uvas.

*

Un médico le pregunta a su paciente esquizofrénico:
—¿Y desde cuándo tiene usted la impresión de ser un perro?
—Desde que era un cachorro.

*

—Doctor, me siento muy mal.
—Pues póngase usted derecho.

*

Después de examinar a un señor, el médico le dice a la mujer de éste:
—Señora, no me gusta nada el aspecto de su marido.
—Ni a mi tampoco, la verdad, pero se porta tan bien conmigo.

*

—Doctor, me temo que soy esquizofrénico y tengo doble personalidad.
—Oh, no se preocupe. Siéntese, y hablemos los cuatro tranquilamente.

*

—Doctor, ¿qué puedo hacer para no quedarme otra vez embarazada?
—Tomarse una tila.
—¡¿Una tila?! ¿Antes de o después de?
—En lugar de.

*

Un señor aparece en la consulta con un pato que le sale de la cabeza, y el médico pregunta:
—¿Cómo empezó todo?
A lo que el pato contesta: —Con un granito en el culo.

*

El médico le dice a su paciente:
—Querría que me trajera una muestra de orina, de semen y de heces.
—Aquí tiene mis calzoncillos.

*

—Doctor, mi problema es que soy muy indeciso… O puede que no.

*

—Doctor, sea sincero conmigo y dígame cuánto me queda de vida.
—Diez, nueve, ocho, siete…

*

—Doctor, ¿es verdad que la falta de sexo provoca sordera?
—Perdón, ¿cómo dice?

*

Una mujer despampanante va a un consultorio, y le dice al médico:
—Verá, doctor, yo tengo la irresistible compulsión de acostarme con todos los hombres con lo que hablo. ¿Existe algún nombre para eso?
—Sí. Se le llama «buenas noticias».

*

Después de un parto difícil, un médico le dice a los padres:

—Lo siento. Hemos hecho lo que hemos podido, pero el niño ha conseguido salir.

*

—Doctor, creo que tengo complejo de fea.

—No se preocupe, lo suyo no es un complejo.

*

—Doctor, doctor, ¿cree que llegaré a los cien años?

—¿Usted bebe, fuma, come manjares deliciosos, es millonario y mantiene relaciones sexuales todos los días con mujeres despampanantes?

—No.

—Y, entonces, ¿para qué quiere llegar a los cien años?

*

—Doctor, doctor, me temo que estoy a las puertas de la muerte.

—No se preocupe. Muy pronto las atravesará.

*

Un psiquiatra le pregunta a un paciente:

—¿Y qué le hace creer que tiene usted complejo de inferioridad?

—¿Quién soy yo para responderle?

*

Un hombre está haciendo una entrevista de trabajo, y le preguntan:

—¿Ha tenido usted alguna vez problemas mentales?

—Sí, la verdad es que era esquizofrénico, pero ahora estamos todos bien.

*

—Doctor, doctor, las manos me tiemblan descontroladamente.

—¿Usted bebe mucho?

—Qué va, la mayor parte se cae al suelo.

*

—Doctor, doctor, esa dieta suya me vuelve irritable. El otro día discutí con un hombre y le arranqué un cacho de oreja.
—Pero, ¿cómo se le ocurre? ¡¿Sabe cuántas calorías tiene eso?!

*

Un psiquiatra le pregunta a un paciente:
—¿Y bien? ¿Aún sigue teniendo dificultades para tomar decisiones?
—Bueno, sí y no.

*

Un esquizofrénico le dice a otro:
—Hoy no me siento nada bien.
—Pues ya somos cuatro.

*

—Doctor, doctor. Cada vez que bebo café, siento un terrible dolor en un ojo.
—¿Ha probado a quitar antes la cucharilla?

*

Un hombre va a una consulta, y el médico le dice:
—¡Vaya, hacía mucho tiempo que no lo veía!
—Sí, es que he estado enfermo.

*

Un hombre le dice a un amigo:
—Los médicos son realmente frustrantes: tardan dos meses en darte cita, y luego siempre te dicen «Tenía que haber venido usted antes».

*

Un hombre que va a ver a un médico aparece con una zanahoria metida en una oreja, un plátano en otra, y dos guindillas en la nariz. Y el médico le dice:
—Ya sé cuál es su problema: usted no está comiendo como es debido.

*

Un médico le dice a un hombre:
—Ya sabemos lo que le ocurre. Usted está embarazado.
—Pero, ¿cómo puede quedarse embarazado un hombre?
—Ya sabe: una cena romántica, un poco de vino de más…

*

–Doctor, doctor, todo las personas que conozco piensan que soy un mentiroso ompulsivo.
–No me lo creo.

*

–Doctor, doctor, mi memoria me falla continuamente. ¿Qué puedo hacer?
–Lo mejor es olvidarse de ese asunto.

*

–Doctor, doctor, creo que estoy convirtiéndome en un cerdo.
–¿Y desde cuándo tiene esa impresión?
–Desde oink por la mañana.

*

–Doctor, doctor, dígame la verdad, por favor, ¿cuál es la probabilidad de que lga vivo de la operación?
–Una entre cien. Pero no se preocupe; ninguno de los noventa y nueve pacien-s anteriores sobrevivió.

*

n hombre va al médico, y le dice:
–La hipocondría es la única enfermedad que no tengo.

*

–Doctor, doctor, creo que me convertido en una carretera.
–¿Y qué le hace pensar eso?
–Hoy me han atropellados dos ches, tres motos y cinco auto-ses.

*

–Doctor, doctor, cuando cierro s ojos, veo elefantes rosas flo-ndo en mi habitación.
–¿De veras? ¿Y no ha visto a un iquiatra?
–No, sólo a elefantes rosas.

*

—Doctor, doctor, ronco tanto, que no consigo dormir.
—¿Y ha probado usted a dormir en otra habitación?

*

—Doctor, doctor, me duele el estómago después de haberme comido medio kil
de almejas.
—Al abrirlas, ¿se fijó en si tenían mal aspecto?
—¿Qué quiere decir con «al abrirlas»?

*

Un médico le dice a un paciente:
—Tengo una noticia buena y una mala.
—¿Cuál es la mala?
—Que le hemos cortado la pierna equivocada. Y la buena es que su otra piern
está mejor.

*

Un hombre llega a casa, después de haber visitado a un médico, y le dice a s
mujer:
—El médico me ha dicho que debo tomar una de estas pastillas diariament
durante todo lo que me queda de vida.
—Bueno, podría ser peor.
—Lo es: sólo me ha dado cinco pastillas.

*

Un médico le dice a un paciente:
—Me temo que tengo muy malas noticias: usted tiene cáncer…
—¡Vaya por Dios!
—… Y también Alzheimer.
—Bueno, por lo menos no tengo cáncer.

*

Un hombre va a al psiquiatra, y dice:
—Hola, doctor, permita que nos presentemos…

*

Un hombre va a un psiquiatra. Está vestido con una máscara y un tutú, y dic
—Doctor, estoy preocupado por mi hermana.

*

Una mujer le dice a otra:

—He dejado mi trabajo con el psiquiatra.

—¿Y eso?

—Es que, si yo llegaba pronto, me decía que sufría de ansiedad; si llegaba tarde, que me comportaba de un modo hostil; y si llegaba a la hora, que era una obsesiva-compulsiva.

✳

Hablar uno consigo mismo no es un problema. Tampoco lo es ni siquiera contestarse. Lo que sí es un problema es hablar con uno mismo, y decir, «¿Cómo dices?».

✳

Un hombre va al médico y dice:

—Doctor, tengo el pene extremadamente grande.

—¿Y a qué venido: a curarse o a presumir?

✳

—Doctor, doctor, ¿usted cree que va a ser necesario amputarme el brazo?

—No, hombre, no, yo diría que acabará cayéndose él solo.

✳

—Doctor, tengo diarrea mental.

—¿Y cómo lo sabe?

—Porque todo lo que se me ocurre es una mierda.

✳

Un hombre va al médico, y éste le pregunta:

—¿Tiene usted en estos momentos alguna relación monogámica?

—Una, no; varias.

✳

—Doctor, doctor, tengo cinco penes.

—¿Y cómo le quedan los pantalones?

—Como un guante.

✳

Una mujer despampanante le dice a un médico:
—Doctor, doctor, hoy me he levantado con los pezones durísimos. Mire, compruébelo usted mismo.
El médico lo hace, y ella le pregunta: —¿Cree usted que es grave?
Mirando hacia sus pantalones, el médico responde: —Grave, no sé, ¡pero contagioso…!

*

Un médico le dice a un hombre:
—Usted es asmático.
—¿Y eso es grave?
—No, es esdrújula.

*

Una mujer despampanante va al médico, y éste le dice:
—Desnúdese.
—Sí, doctor, ¿dónde dejo la ropa?
—Aquí mismo; junto a la mía.

*

Un médico le dice a un paciente:
—Tengo que darle dos noticias: una buena y una mala.
—¿Cuál es la buena?
—Que le quedan veinticuatro horas de vida.
—¡¿Esa es la buena?! ¿Y cuál es la mala?
—Que ayer no pude localizarle para comunicárselo…

*

Un médico le dice a un hombre:
—Su mujer ha tenido quintillizos.
—¡Si es que yo tengo un cañón aquí debajo!
—Pues debe de tenerlo sucio, porque le han salido los hijos negros.

*

—¿Qué es un urólogo?
—Un médico que te mira el pene con desprecio, que te lo toca con asco y qu te cobra como si te hubiese hecho una mamada.

*

–Doctor, doctor, creo que mi madre es una puta.
–Pero, hombre, ¿qué le hace pensar eso?
–Me lo han dicho decenas de miles de personas.
–¡¿Cómo?! A ver, empecemos desde el principio... ¿A qué se dedica?
–Yo soy árbitro.

*

Un hombre le pregunta a un amigo:
–¿Y cómo tomaste la decisión de hacerte la vasectomía?
–Bueno, fue una cosa muy democrática, ¿sabes? Hicimos una votación mi mujer, mis hijos y yo, y ellos ganaron por mayoría: veinticinco contra uno.

*

–Doctor, doctor, tengo instintos suicidas.
–En ese caso, es mejor que me pague ya la consulta.

*

Un viejo de noventa años va al médico, y le dice:
–Doctor, yo quería que me bajase la potencia sexual.
–Pero, ¿con noventa años necesita eso? Por lo general, a su edad, la potencia sexual está sólo en la cabeza.
–Pues por eso mismo. Lo que yo quiero es que me la baje para ponerla donde solía estar.

*

Un médico le dice a un hombre:
–La verdad es que no estamos seguro de si su mujer tiene Alzheimer o sida.
–¿Y qué puedo hacer?
–Bueno, abandónela en medio del campo, y si consigue volver a casa no se acueste con ella.

*

Un hombre le confesa a un médico:
–Pues verá, yo odio a toda mi familia profundamente.
–¿Y por qué me cuenta a mí esto?
–Ah, pero, ¿no es usted el especialista del odio?
–Del «oído», yo soy especialista del «oído».

*

—Doctor, doctor, yo vengo a que me reconozca.
—Pues así, ahora mismo, a bote pronto, no caigo, la verdad...

*

—Doctor, doctor, ¿qué tengo?
—Pues se trata de una enfermedad rarísima, que se llama síndrome de López.
—¿Y en qué consiste?
—No estamos muy seguros todavía, señor López.

*

Una mujer le dice a un médico:
—Doctor, creo que se ha confundid de medicamento. Las pastillas que m recetó han hecho que me salga pel por todas partes.
—Pero, mujer, no será para tanto...
—¿Ah, no? Pues me llega desde cuello hasta los huevos...

*

Un médico le dice a un paciente:
—Ya sabemos por qué el aliento huele a mierda.
—¿De veras, doctor? ¿Y tiene cura?
—Pues hay dos opciones: o deja morderse las uñas, o deja de rascar las hemorroides.

*

—Doctor, doctor, cada vez que estornudo tengo un orgasmo.
—Vaya, ¡qué extraño! ¿Y está tomando algo?
—Sí... ¡Montañas de pimienta!

*

Un médico le pregunta a un paciente:
—Y a usted, ¿qué lo traído por aquí?
—Pues una ambulancia.

*

na mujer va al médico, y le dice:
–Verá, doctor, cuando mi marido y yo hacemos el amor, a veces me entran unos lores horribles y otras un frío tremendo.
-Ya. ¿Y con qué frecuencia hacen ustedes el amor?
-Dos veces al año: una en verano y otra en invierno.

*

-Doctor, doctor, necesito un lavado de estómago.
-¿Y usted cómo lo sabe?
-Porque cuando me froto la tripa me salen pelotillas.

*

-Doctor, doctor, que se me juntan las ras…
-Pues, páguelas, hombre.

*

espués de examinar a un hombre, el édico le dice:
Tenía usted que haber venido antes.
Sí. Pero es que quería saber la opi-ón de un curandero.
¿Y qué tontería le dijo?
Que viniera a verle a usted.

*

Doctor, doctor, tengo problemas con transplante de pene.
¿Y eso?
Es que me rechaza la mano!

*

Doctor, doctor, tengo eyaculación precoz.
Coño!
Aaaahhhh!

* * *

MAMÁ, MAMÁ; PAPÁ, PAPÁ

—¿Mamá, mamá, en el colegio me llaman despistado?
—¿Y tú quien eres, niño?

*

—Papá, papá, ya no soy virgen.
El padre le pega una bofetada, y la pobre niña dice, entre lágrimas:
—Ahora voy a hacer de san José.

*

—Mamá, mamá, pan.
Y la madre se murió.

*

—Mamá, mamá, hace una semana que no tenemos papel higiénico.
—Pero, hijo, ¿por qué no lo has dicho antes? ¿No tienes lengua?
—Sí, pero no me llega hasta el culo.

*

—Mamá, mamá, ahora que he cumplido trece años, ¿puedo ponerme su jetador?
—No.
—Pero, mamá…
—¡Te he dicho que no, Arturito…!

*

–Mamá, mamá, ¿puedo ir a jugar con la panda?
–Sí, claro.
Y el niño se fue a jugar con la osa.

*

–Mamá, mamá, hoy debía de haber diez mil personas en autobús.
–Te he dicho tres mil millones de veces que no exageres.

*

–Papá, papá, ¿por qué mamá trabaja siempre de noche?
–¡Cállate, hijo de puta!

*

–Mamá, mamá, ¿falta mucho para Navidades?
–No, hija, ¿por qué lo dices?
–Para saber si tengo que empezar ya a portarme bien.

*

–Mamá, mamá, Pedrito ha roto el cristal del pasillo.
–Pero, ¿cómo ha sido?
–Yo le he tirado una piedra, y él se ha agachado.

*

–Papá, papá, ¿cuánto cuesta casarse?
–No lo sé, hijo. Yo todavía estoy pagando.

*

–Mamá, mamá, ¿por qué estás tan gorda?
–Mamá está gorda porque le está creciendo un hermanito en la barriga.
–Ah, ¿y qué te está creciendo en el culo?

*

–Papá, papá, he oído que, en muchas tribus de África, los hombres no conocen a sus mujeres hasta que se casan con ellas.
–Eso ocurre en todas partes, hijo mío…

*

–Papá, papá, ¿puedes ayudarme con estas cuentas?
–Eso no estaría bien.
–Seguramente no, pero, ¿no quieres intentarlo?

*

—Mamá, mamá, el abuelo está malo.
—Pues apártalo y cómete las patatas.

*

—Papá, papá, ¿de qué marca es el coche?
—Un Ford.
—¿Y cuántos años tiene?
—Siete. ¿Por qué me preguntas eso?
—Porque la profesora nos ha dicho que redactáramos una autobiografía.

*

—Mamá, mamá, en el colegio me llaman cegato.
—Usted ha seleccionado gasolina sin plomo... Gracias.

*

—Mamá, mamá, en el colegio me llaman Loreal.
—¿Por qué?
—Porque yo lo valgo...

*

Cuando un granjero llega a casa, su hijo le dice:
—Papá, papá, han venido unos señores que querían comprar un burro.
—¿ Y qué les has dicho?
—Que no podían, porque no estabas en casa.

*

Un niño que está en el zoo con su padre ve a unos antílopes, y pregunta:
—Papá, papá, ¿los cuernos se quitan?
—No, hijo, no. Los cuernos se ponen...

*

—Mamá, mamá, ¿tú por qué te casaste con papá?
—Por tu culpa.

*

—Papá, papá, ¿los extraterrestres son amigos o enemigos?
—¿Por qué lo preguntas?
—Porque han venido dos y se han llevado a mamá a su planeta.
—Ah, entonces son amigos...

*

—Mamá, mamá, ¿qué es un paranoico?
—Te crees que no sé la respuesta, y quieres pillarme, ¿verdad?

*

—Mamá, mamá, ¿sabes qué es un mudo?
—Una persona que no puede hablar.
—No. Una paded muy gande.

*

—Papá, papá, ¿qué significa tener cuernos?
—Déjame, hijo, tengo tantas cosas en la cabeza…

*

—Mamá, mamá, ¿los pedos pesan?
—No, hijo.
—Entonces me he cagao.

*

—Mamá, mamá, en el colegio me lla-
an peludo.
—¡Pepe, el perro me está hablando!

*

—Mamá, mamá, en el colegio me lla-
an mafioso.
—Ahora mismo voy yo a darles un
carmiento.
—Vale, pero haz que parezca un acci-
nte.

*

n niño está en el aeropuerto con su padre, y dice:
—Papá, papá, ¡va a aterrizar un avión macho!
—Eso son ruedas, hijo.

*

—Mamá, mamá, en el colegio dicen que estoy loco.
¿Quién ha sido?
Las voces…

*

—Mamá, mamá, ¿en qué día nací yo?
—El 12 de agosto.
—¡Qué coincidencia; si ése es el día de mi cumpleaños!

*

—Papá, papá, ¿qué es el eco?
—Es el único capaz de contestarle a tu madre.

*

—Mamá, mamá, ¿cómo se escribe teléfono?
—Pues como suena…
—¿Ring, ring?

*

—Mamá, mamá, en el colegio me llaman campana.
—¿Quién, hijo?
—El mismo ton tín de siempre.

*

—Mamáaaa, ¿por quéeee papáaaa matóooo al pregoneroooo?

*

—Mamá, mamá, ¿por qué está calvo papá
—Pues porque es muy inteligente y piens mucho.
—Y, tú, ¿por qué tienes tanto pelo?
—Anda, cómete la sopa y deja de pregunt tonterías.

*

—Mamá, mamá, ¿puedo mecer al abuelit
—No, hijo, no lo toques hasta que sepam quién lo ha ahorcado.

*

—Mamá, mamá, ¿por qué tienes la tripa t grande?
—Porque llevo dentro a un hermanito tu
—¡Papá, mamá se ha comido a un niño!

*

—Mamá, mamá, en el colegio me llaman gordo.
—¡Y a mí, qué!
—A ti, ballena.

*

—Papá, papá en la puerta hay dos marcianos.
—¿Y cómo sabes que son marcianos, hijo?
—Porque me han dicho que son de Planeta Agostini.

*

—Mamá, mamá, en el colegio me llaman calculadora.
—No les hagas caso, Casio.

*

En una familia de músicos:
—Mamá, mamá, ¿DO RE FA MI FA FA?
—DO RE MI DO en el SOL FA.

*

—Mamá, mamá, en el colegio me llaman pulpo.
—Anda, hijo, lávate los tentáculos y ven a cenar.

*

—Papá, papá, ¿tú te casaste por la iglesia o por lo civil?
—Por imbécil, hijo, por imbécil.

*

—Mamá, mamá, ¿cómo nacen los niños?
—Pues primero salen los piececitos, luego el cuerpecito y luego la cabecita.
—Ah, y luego el médico lo junta todo, ¿no?

*

—Papá, papá, ¿es verdad que los papás saben más que los niños?
—Sí, hijo.
—Y, entonces, ¿por qué la bombilla la inventó Edison y no su padre?

*

—Papá, papá, ¿la sordera se heredera?
—¿Qué dices, hijo?
—¿Has dicho que sí, papá?

*

—Papá, papá, en el colegio me han dicho que eres un ignorante.
—¡Diles que yo no como esas porquerías!

*

—Papá, papá, ¿hucha se escribe con hache?
—Claro, hijo. Si no, se leería huca.

*

—Mamá, mamá, ¿la luz se come?
—No, hijo.
—Pues, el otro día, papá le dijo a la criada: «Apaga la luz y metétela en la boca»

*

—Mamá, mamá, ¿el corazón tiene patas?
—No, hijo, ¿por qué lo dices?
—Porque el otro día le hoy decir a papá: «Ábrete de patas, corazón».

*

—Mamá, mamá, he decidido irme de caza.
—¿Y vas a llevarte al perro?
—Todavía no lo zé.

*

—Papá, papá, ¿nosotros gastamos mucho gas?
—No, hijo, ¿por qué lo dices?
—Porque cada vez que viene el hombre del butano, oigo a mamá gritar «¡Má más, más, que me hace muchísima falta!».

*

—Mamá, mamá, la abuelita se ha caído al suelo?
—¿Y tú la has ayudado?
—No, se ha caído ella sola.

*

—Mamá, mamá, en el colegio me llaman hombre lobo.
—¿Por qué?
—Aúuuun no lo sé.

*

Una mujer le dice a su hijo:
—Eres tan sinvergüenza como tu padre.

l marido, que oye esto, dice:
–Eh, que yo no soy un sinvergüenza...
–Ajajá.

*

–Papá, papá, cómprame un coche, cómprame un coche...
–¡Lo que te voy a comprar es una mierda!
–No, un Hyundai, no, por favor.

*

–Mamá, mamá, ya he descubierto por qué papá tiene ese barrigón.
–¿Ah, sí, hijo? Dime por qué.
–Porque la criada se la infla soplándole por la colita.

*

–Mamá, mamá, en el colegio dicen
e tengo la boca grande.
–Venga, venga, cómete una pala más
yogur, y luego me lo cuentas.

*

–Mamá, mamá, me alegro mucho de
e me hayas puesto Juan de nombre.
–¿Por qué?
–Porque en el colegio me llaman
dos así.

*

Papá, papá, ¿qué es la hostilidad?
Como digas una sola palabra más, te parto la cara.

*

Papá, papá, ¿es verdad que los muertos acaban siempre convirtiéndose en
vo?
Sí.
Pues hay un montón de muertos debajo de mi cama!

*

Mamá, mamá, papá se ha vuelto loco y está tirándolo todo por la venta-
aa...!

*

Un padre le dice a su hijo:
—Jorgito, dile una mentira a papá.
—Papá.

*

—¡Papáaaa, mamáaaa, sacaaaadme de laaaa lavadoraaaa!

* * *

MUERTES CRUELES

En autobús turístico lleno de bizcos, el guía dice:
—Si miran ustedes a la derecha, verán a la izquierda el museo del Prado.

*

—Manolo, aquí huele a bicho muerto. ¿Manolo?... ¡¿Manolo?!...

*

Un hombre ve pasar un entierro, y le pregunta a otro:
—¿Sabe quién es el muerto?
—Pues hombre, ¡digo yo que el que va dentro del ataúd!

*

Un hombre le dice a un amigo:
—Yo quiero morir como mi abuelo: plácidamente, mientras duermo. Y no aterrorizado y gritando, como los que lo acompañaban en el coche.

*

—¿En qué se parecen un ataúd y un preservativo?
—En que los dos llevan algo tieso dentro.

*

Si lo mejor se guarda siempre para el final, entonces morirse debe ser lo mejor de la vida.

*

Después del entierro del padre de un hombre, otro le pregunta:
—¿Y de qué se murió su padre?
—No lo sabemos, aunque en el hospital nos dijeron que no era nada grave.

*

Charlando, surge el tema de la muerte, y un hombre le pregunta a su mujer:
—Tú que prefieres, ¿ser cremada o que te entierren?
—No sé. ¡Sorpréndeme!

*

—¿Por qué construyen muros alrededor de los cementerios?
—Porque la gente se muere por entrar.

*

Epitafio de un hipocondríaco: «Ya os dije que tenía algo».

*

En su lecho de muerte, un hombre le dice a su mujer:
—Debo confesarte que te engañaba con tu mejor amiga…
—Lo sé. Por eso estás muriéndote envenenado.

*

—¿Para qué sirven los cinturones de seguridad en los aviones?
—Para que los pedazos de cuerpo se mantengan juntos después de estrellarse.

*

En su lecho de muerte, un hombre le pide a su mujer que cumpla una última voluntad:
—Cuando pasen seis meses después de mi muerte, cásate con Enrique.
—Pero, ¿tú no odiabas a Enrique?
—Pues por eso…

*

Un hombre le dice a su mujer:
—María, tengo dos noticias que darte: una buena y una mala. La mala es que se ha muerto tu madre.
—¡Oh, no!... ¿Y la buena?
—¡Que es una broma!

*

Llegan los Reyes Magos a Somalia, y le preguntan a un grupo de niños:
—¿Habéis comido?
—No.
—Entonces, os quedáis sin regalos.

*

Dos muertos van camino del infierno, y uno le pregunta a otro:
—¿Y tú de qué te has muerto?
—Por la bebida. El alcohol es muy malo…
—Pues, la lejía, no veas.

*

Un hombre está leyendo un pasaje bíblico:
—Y Jesucristo dijo: «Lázaro, levántate y anda». Y Lázaro se levantó y andó.
—Anduvo, tonto.
—Bueno, sí, anduvo tonto unos días, pero luego se le pasó.

*

—¿Qué tiene cien patas y no puede caminar?
—Cincuenta paralíticos.

*

—¿Cuál es el libro religioso favorito de los caníbales africanos?
—Cien formas de servir al prójimo.

*

—¿Qué hicieron los judíos alemanes cuando subió Hitler al poder?
—Esfumarse.

*

—¿Por qué hay tantas discotecas en Somalia?
—Para que los somalíes vayan a mover el esqueleto.

*

Un rico le dice a un pobre:
—En mi casa comemos a la carta.
—En la mía también: el que saca la carta más alta, come.

*

Un mendigo va a pedir a una casa, y dice:
—¿Podría darme algo de comer, por favor?
—¿Le importa que sea de ayer?
—No.
—Entonces vuelva mañana.

*

Carta de un niño a los Reyes Magos: «Os prometo que, si me traéis unos dedos nuevos, no volveré a meterlos en la picadora».

*

Un hombre se cruza con otro que lleva a su lado un cerdito con una pata de palo:
—¿Qué le ha pasado en la pata? ¿La perdió en algún accidente?
—No, es que mis hijos se han encariñado con el cerdito, y por eso nos lo estamos comiendo poco a poco.

*

Dos amigos se cruzan en la calle y, al ver uno al otro muy alicaído, le pregunta:
—¿Por qué tienes esa cara?

—Es que se ha muerto mi hijo.
—Desde luego, menudo día, a ti se te muere tu hijo y yo he perdido el mechero…

*

Se cruzan un ciego y un cojo, y el primero le dice al segundo:
—¿Qué tal andas?
—Pues ya ves.

*

—¿Por qué todo el mundo piensa que a los ciegos les encanta la lluvia?
—Porque se pasan el día diciendo «Si yo viera…».

*

Dos hombres están hablando de otro que ha muerto, y uno dice:
—Pues Jaime ha dejado al orfanato todo lo que tenía.
—¿Y era mucho?
—Sí, quince hijos.

*

Entra un ciego en una cocina en busca de una nota que le ha dejado su mujer. Pero, en vez de la nota, coge un rallador de queso, y pregunta:
—¡Pero, ¿quién ha escrito esto?!

*

Un hombre le dice a su mujer:
—Desde luego, Maruja, no tienes consideración. Yo aquí buscando el cinturón como un loco, y tú que te has ahorcado con él…

*

En un entierro, un hombre le pregunta a la viuda:
—¿Cómo se murió su marido?
—Por tirar un cigarro por la ventana.
—¿Y, eso, por qué?
—Porque se le olvidó soltarlo.

*

Jn hombre llama a la mujer de otro, y dice:

–Buenas días, señora. Soy un compañero de trabajo de su marido. Le llamo ara decirle que está muy grave y que el entierro es mañana.

*

Jn niño está en la calle, y su madre le dice desde la ventana:

–¡Jorgito, sube ahora mismo!

–Sí, hombre, para que vuelvas a tirarme…

*

n una familia muy pobre:

–Papá, ¿cuándo vamos a poder comer pan de hoy?

–Mañana, hijo, mañana.

*

n hombre se despierta de la anestesia en el hospital, y grita:

–¡No siento la pierna!

ntra una enfermera y dice:

–Su pierna está perfectamente, hombre.

–¿Me lo jura?

–Sí.

–Y, entonces, ¿por qué no la siento?

–Porque hemos tenido que cortarle los brazos.

*

–¿Cómo se sabe que una carta ha sido enviada por un leproso?

–Porque hay una lengua pegada en la parte trasera.

*

–¿Qué es lo peor de ser un pedófilo?

–Tener que irse a la cama a las ocho de la noche.

*

tán dos viejecitas con Alzheimer, y una de ellas, que se está bebiendo un bote pintura dice:

–Esta leche no está buena.

–¡Y mañana Navidad!

*

Una mujer le pregunta a otra:
—¿Y cómo conseguiste que tu hijo dejara de morderse las uñas?
—Muy fácil; le arranqué todos los dientes.

*

—¿Qué es un leproso en una piscina?
—Una pastilla efervescente.

*

Está un mendigo en la playa, y le dice a un señor:
—Por favor, llevo dos días sin comer nada.
—Venga, de acuerdo, entonces ya puede bañarse.

*

—¿Por qué le quitaron la licencia a un médico que operó de ictericia y estrabismo a un paciente?
—Porque el paciente era japonés.

*

—¿Qué es lo mejor de un enfermo de Alzheimer casado?
—Que todos los días va a conocer a una mujer nueva, se la va a llevar a la cama después de la primera cita, y nunca más sabrá de ella después de eso.

*

—Doctor, ¿qué ha dicho que tenía? ¿Tauro?
—No, cáncer. Le he dicho cáncer.

*

Un niño le dice a su madre:
—Mamá, yo no quiero dormir con el hermanito, porque huele muy mal.
—Pues tienes que dormir con él.
—No, mamá. No quiero.
—¡Tu duermes con tu hermanito hasta que tengamos dinero para enterrarlo, se acabó la discusión!

*

—¿Por qué a los recién nacidos les dejan un trozo de cordón umbilical sin cortar?
—Para que los caníbales puedan sacarlos de la olla sin quemarse.

*

Un viejecito está comiéndose un yogur muy lentamente, y su nieto le dice:
—Abuelo, no te olvides de que el yogur caduca dentro de tres meses…

*

—Oye, Pepe, ¿a tu abuela le gusta la mecánica?
—No. ¿Por qué?
—Entonces acaba de atropellarla un autobús.

*

—¿Qué hace una monja a la que le cuentan un chiste sobre bebés muertos?
—Llorar.

*

Un pedófilo entra en un bar, y pide un whisky:
—¿Qué whisky desea el señor?
—Yo tengo el mismo gusto para el whisky que para las mujeres: el que más me gusta es el de doce años.

*

—¿Por qué los recién nacidos no tienen el cráneo totalmente cerrado?
—Para que las enfermeras puedan meter los dedos en los huecos, y sean capaces de transportar más bebés de una sola vez.

*

—¿Cómo se puede sacar a un bebé de una batidora?
—Sorbiendo por la pajita…

*

—¿Qué es peor que clavar cinco niños en un árbol?
—Clavar a un niño en cinco árboles.

*

—¿Qué es rojo y plata y va dando tumbos?
—Un niño con dos tenedores clavados en los ojos…

*

—¿Por qué se emplea agua caliente en los partos?
—Para hacer sopa si el niño nace muerto.

*

—Mamá, ¿me das unas galletas?
—Claro, hijo querido. Cógelas, que te las lanzo.
—Pero, si yo no tengo brazos.
—Ah, si no hay brazos, no hay galletas…

*

—¿Qué hace un leproso en la bañera?
—Un caldo con tropezones.

*

—¿Por qué Juanita se cayó del columpio?
—Porque no tenía brazos.

*

—¿Qué le deja un leproso de propina a un camarero?
—Una mano.

*

En una campaña contra la polio, el monitor dice:
—A ver, los niños que no estén enfermos, que se pongan a mi derecha para ser vacunados. Y los que estén enfermos que se arrastren hasta mi izquierda…

*

En Navidades, un niño le dice a otro:
—Me han regalado una Playstation, cinco cajas de Playmobil, ocho coches teledirigidos, quince muñecos y veinte disfraces. ¿Y a ti?
—A mí me han traído sólo unos calcetines, pero yo no tengo cáncer…

*

En un hospital, un hombre ve a una mujer feísima y toda encogida, y le pregunta a un enfermero:
—¿Cómo se llama esa mujer?
—Pepa, pero todos la llaman «la canaria».
—¿Por qué? ¿Es de las islas?
—No, porque es deforme entera.

*

Un pedófilo de sesenta años va al dentista, y dice:

—Quiero que me quite los dientes de leche.

—¡¿Dientes de leche, a su edad?! Déjeme ver.

—No, no es en la boca, sino en el pene… ¡El muy cabrón del niño…!

✻

—¿Dónde puede encontrarse a un perro al que le han arrancado las patas?

—En el mismo sitio donde se las arrancaron.

✻

—¿Cuál es la diferencia entre miedo, terror y pánico?

—Miedo es que amenacen con meterte un paraguas por el culo; terror, es que amenacen con meterlo y abrirlo dentro; y, pánico, es que amenacen con meterlo, abrirlo dentro y luego sacarlo tirando.

✻

—¿Qué tiene dos patas y sangra?

—La mitad de un perro.

✻

Un hombre narra una partida en un hospital de leprosos diciendo:

—Un jugador apostó hasta los huevos; tres de ellos perdieron un ojo de la cara; os, un riñón; otro, perdió la cabeza; y varios espectadores se partieron el culo uando a todos les salió una mala mano.

✻

Va un hombre enano, feísimo y contrahecho por la calle, y otro le dice:

—¿Por qué no trabajas en el circo, deforme de mierda?

l hombre se pone los brazos bajo los sobacos, y dice:

—¿Y por qué no me tocas los cojones?

✻

Una niña que va a ir a una fiesta le pregunta a su madre:

—¿Qué tal me queda el vestido nuevo, mamá?

—Precioso, hijita. No se nota nada la silla de ruedas.

*

—Mamaíta, me duele un poco la cabeza.

—Anda, no te quejes, o te doy otro hachazo en el cráneo.

*

Un hombre le pregunta a su nieto:

—Alberto, ¿cómo se llama ese alemán que me esconde las cosas?

—Alzheimer, abuelo, Alzheimer.

*

En una residencia de ancianos, un viejecito le dice a otro:

—Esta noche, follo.

—Sí, con fatatas.

*

—¿Cómo son siempre los trajes de las mujeres que mueren en accidentes de tráfico?

—Estampados.

*

—¿Por qué le llaman ajedrecistas a los terroristas del once de septiembre?

—Porque se comieron las torres de su adversario.

*

Un niño le dice a su abuela rica:

—Abuelita, abuelita, cierra los ojos.

—¿Para qué?

—Porque mamá dice que cuado tú cierres los ojos nosotros seremos por fin millonarios.

*

—¿Qué tiene cien ojos y veinte dientes?
—Los ocupantes de un autobús del INSERSO.

*

—¿Qué le dice un niño muerto a otro?
—¿Me das gusanitos?

*

—¿Por qué se suicidó Hitler?
—Porque le llegó la cuenta del gas.

*

Una mujer le dice a la madre de otro niño:
—¿Su hijo le ha sacado la lengua al mío?
—Mujer, no hace falta ponerse así, que no es para tanto.
—No será para tanto, pero no hay forma de pararle la hemorragia…

*

Un hombre le dice a su mujer:
—María, me voy al bar.
—Pues entonces pégame ahora, que luego me despiertas.

*

—¿Por qué la torre de Pisa está inclinada?
—Porque tuvo más reflejos que las Torres Gemelas.

*

—¿Qué hacen cinco epilépticos dentro de una cabina telefónica?
—Una fiesta de espuma.

*

—En Estados Unidos, material de oficina que empiece por la letra «a»...
—Avión.

*

—Papá, ¿qué es un degenerado?
—Cállate, hijo, y sigue chupando.

*

—¿Qué hace un skin head en el portal de Belén?
—Esperar a que llegue Baltasar.

* * *

NO ES LO MISMO

—No es lo mismo dos pelotas viejas que dos viejas en pelotas.

*

—No es lo mismo un escarabajo negro que ver cara abajo a un negro.

*

—No es lo mismo huevos de araña que aráñame los huevos.

*

—No es lo mismo montar un follón que follar un montón.

*

—No es lo mismo ver negro el futuro que ver un negro en tu futuro.

*

—No es lo mismo blancas bolas de nieve que Blancanieves en bolas.

*

—No es lo mismo dolores en las piernas que las piernas de Dolores.

*

—No es lo mismo comprarse un traje negro que verse negro para comprarse un traje.

*

—No es lo mismo un viejo con pantalones que unos pantalones viejos.

*

—No es lo mismo tender a subir que subir a tender.

*

—No es lo mismo una mancha en la familia que una familia en La Mancha.

*

–No es lo mismo un chico toma té que un tomate chico.

*

–No es lo mismo se avecina una tormenta que una vecina me atormenta.

*

–No es lo mismo huevos a la besamel que bésame los huevos.

*

–No es lo mismo vivir en la calle Joaquín Acosta que vivir a costa de Joaquín.

*

–No es lo mismo una cinta negra que una negra encinta.

*

–No es lo mismo decir tejidos y novedades en el piso de encima que jodes, no s y encima te pisan.

*

–No es lo mismo decir la reina de Java que dejaba la reina.

*

–No es lo mismo decir Corazón Aquino que corazón, aquí no.

*

–No es lo mismo la selva virgen que una virgen en la selva.

*

–No es lo mismo me río en el baño que me baño en el río.

*

No es lo mismo decir lo que se piensa que pensar lo que se dice.

*

No es lo mismo puré de tomate que tómate el puré.

*

No es lo mismo veintidós hombres en calzoncillos corriendo detrás de una ota que veintidós hombres en pelotas corriendo detrás de unos calzoncillos.

*

No es lo mismo tener sexo casi todas las noches que casi tener sexo todas las ches.

*

No es lo mismo un metro de encaje negro que un negro te encaje un tro.

*

—No es lo mismo hacerlo al baño María que hacérselo a María en baño.

*

—No es lo mismo blancas bolas de nieve que qué blancas tienes las bolas.

*

—No es lo mismo que un negro llegue primero a la meta que te la me el primer negro que llegue.

*

—No es lo mismo subir al pináculo de una montaña que subir una montaña cc un pino en el culo.

*

—No es lo mismo decir un hombre en estado de coma que te comas un hor bre en mal estado.

*

—No es lo mismo decir dos tazas de té que dos tetazas.

*

—No es lo mismo decir tuberculoso que ver tu culo hermoso.

*

—No es lo mismo decir un pájaro de alto vuelo que el pájaro de tu abuelo.

*

—No es lo mismo decir me meto en un baño turco que un turco te la meta un baño.

*

—No es lo mismo decir quita la bella rosa que Rosa la bellaquita.

*

—No es lo mismo decir Ramona Cabrera que ramera cabrona.

*

—No es lo mismo decir «Entre, señora Meneses» que «Señora, menéese que entre».

*

—No es lo mismo decir estrecharte la mano que echarte tres con la mano.

*

—No es lo mismo decir los palos de la reja que los pelos de la raja.

*

—No es lo mismo decir la verdura que verla dura.

*

—No es lo mismo decir tejidos y novedades en el piso de encima que te jodes, no ves y encima te pisan.

*

—No es lo mismo decir huevos de pescado, que pescado de los huevos.

* * *

PREGUNTAS

—¿Cuál es la diferencia entre la ignorancia y el desinterés?
—Ni lo sé, ni me importa.

*

—¿A qué se le llama estrés?
—A levantarse gritando de la cama antes de haberse dormido uno.

*

—¿Quién puede abofetear a un gamo con las dos manos al mismo tiempo?
—Un bambi-diestro.

*

—¿Qué es el fuego?
—Esa es una cuestión candente.

*

—¿A qué se le llama «experiencia»?
—A algo que sólo se consigue cuando ya no hace falta.

*

—¿Quién hace JA JA, JE JE, JI JI, ¡Auhh!?
—Alguien que se ha partido el culo de risa.

*

—¿Cuál es el más claro ejemplo de que la mayoría no siempre vence?
—Un bebé.

*

—¿Cómo se consigue que un ordenador sea más lento?
—Usando los frenos de disco.

*

–¿Qué pesa dos toneladas y fuma ·orros?
–Un hippypótamo.

*

–¿Qué es lo mejor que una mujer uede pensar de un hombre la priera vez que se ven desnudos?
–¡Fíjate en el tamaño que tiene eso!

*

–¿Qué es lo peor que una mujer uede pensar de un hombre la priera vez que se ven desnudos?
–¡Fíjate en el tamaño que tiene eso!

*

–¿Cuál es la mayor sorpresa que un hombre puede darle a su mujer en su anirsario?
–La de acordarse de él.

*

¿Qué mide más de veinte centímetros y es blanco?
Nada.

*

¿Cuál es la pregunta que más habitualmente hacen los licenciados de recho?
¿Quiere ketchup con su hamburguesa?

*

A qué se le llama muerte?
Al día después del último día del resto de tu vida.

*

Qué es la paciencia?
Algo que se aprecia en el conductor que va detrás de uno, y que no se soporn el que va delante.

*

—¿Cuál es la parte buena de tener Alzheimer?
—Que nunca dejas de conocer a nuevos amigos.

*

—¿En qué se parecen el Papa y un árbol de Navidad?
—En que los dos tienen las bolas de adorno.

*

—¿En qué se diferencian una vaca y un pato?
—En que ambos saben bucear, a excepción de la vaca.

*

—¿Por qué las bailarinas bailan siempre de puntillas? ¿Es que no hay bailarine lo suficientemente altos?

*

—¿Qué es la publicidad?
—El arte de convertir medias verdades en completas mentiras.

*

—Si la diarrea resbala sólo por una pierna, ¿se convierte en monoarrea?

*

Una rana va a un adivino para conocer su buenaventura, y éste le dice:
—Encontrarás a una chica joven y hermosa que llegará a tu corazón.
—¿Será en el lago?
—No. En una clase de biología.

*

—¿Qué hace: «¡Clic! ¿Es aquí?, ¡clic! ¿Es aquí?, ¡clic! ¿Es aquí?»?
—Un ciego con un mando a distancia.

*

—¿Qué resulta más difícil que meter a una elefanta embarazada en el asiento t sero de un coche?
—Embarazar a una elefanta en el asiento trasero de un coche.

*

—¿Cómo se reconoce a un disléxico bulímico?
—Porque después de comer se mete el dedo por el culo para obligarse vomitar.

*

—¿Para que sirve un jersey?
—Para que un niño se lo ponga cuando su madre tiene frío.

*

—¿Cuál es el pez que siempre llega el último?
—El delfín.

*

—¿Qué le dice una manzana a una naranja?
—Nada. Las manzanas no saben hablar.

*

—¿Cuál es la letra más divertida del abecedario?
—La «Ge» de risa.

*

—¿Cómo se sujetan los pantalones los astronautas?
—Con un cinturón de asteroides.

*

—¿A qué se llama conflicto de intereses?
—A que tu suegra se encuentre al borde un precipicio dentro de tu nuevo Ferrari ɔjo.

*

—Se encuentra una mancha de sangre ı la carretera, ¿cómo se sabe si es de un erro o de una suegra?
—Si hay marcas de frenazo es de un erro.

*

—¿Qué dijo el funcionario de la oficia de patentes cuando Edison le habló la bombilla?
—¡Qué idea más brillante!

*

—¿Qué es peor que encontrarse un sano dentro de una manzana?
—Encontrarse sólo medio.

*

—En una rueda de identificación, ¿cómo se reconoce a un violador idiota?
—Porque se sale de la fila, y grita ¡esa es la chica!

*

—¿Quién piensa siempre que es mejor dar que recibir?
—Un boxeador.

*

—¿En qué se diferencian un termómetro bucal y uno rectal?
—En el sabor.

*

—Si estuvieran ahogándose un abogado y un inspector de hacienda, ¿qué haría ¿Ir a comer, o aprovechar para leer el periódico?

*

—¿Qué es un hospital?
—Un lugar donde te despiertan a las cinco para preguntarte si has dormido bien

*

—¿Cuál es el castigo previsto por bigamia?
—Tener dos suegras.

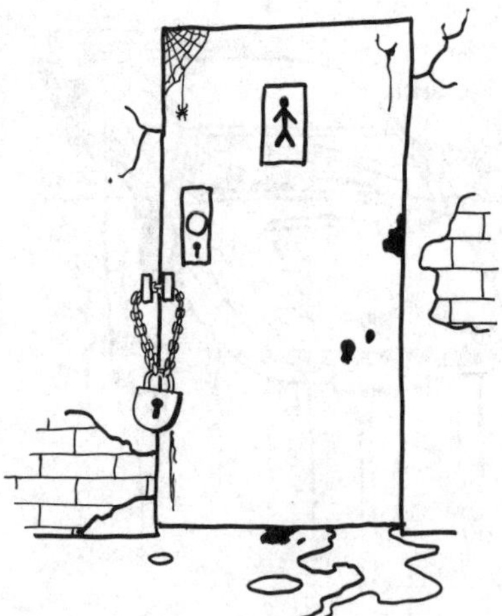

*

—¿Por qué los cuartos de baño de las gaso lineras están siempre cerrados?
—Porque tienen miedo de que alguien lo limpie.

*

—¿Cuál es la diferencia entre tu novia y t mujer?
—Unos veinte kilos.

*

—¿Cuál es la diferencia entre un psic logo, un psicoanalista y un psiquiatra?
—El psicólogo se dedica a hacer castill en el aire, el psicoanalista vive en ellos, y psiquiatra es quien cobra el alquiler.

*

–¿Cuál es el modo más fácil de doblar tu dinero?
–Por la mitad.

*

–¿Qué perfume usa Superman?
–Su perfume.

*

–¿Cada cuánto tiempo se ven Drácula y su novia?
–Una vez al mes.

*

–¿Cómo le llaman los pijos al mar?
–O sea no.

*

–¿En qué se diferencian una abeja y una prostituta?
–En que la abeja va de flor en flor, mientras que la prostituta va de capullo en pullo.

*

–¿Cuál es un buen epitafio para la mba de una suegra?
–RIP, RIP, ¡hurra!

*

¿Qué le dice un violonchelista a violinista?
El mío es mucho más grande que uyo.

*

¿Por qué está triste Kelloggs?
Porque chocó Krispies.

*

De dónde se obtiene la lana gen?
De las ovejas feas.

*

—¿Qué hace Drácula montado en un tractor?
—Sembrar el pánico.

*

—¿Qué le dice un cable a otro?
—Soy intocable.

*

—Si un sabio se desmaya, ¿pierde el conocimiento?

*

—¿Qué le dice un globo a otro?
—A mí lo que me revienta son las agujas…

*

—¿Qué dice Dios antes de apagar la luz por la noche?
—Hasta mañana si YO quiero.

*

—¿Cómo llama un cowboy a su hija?
—¡HIIIII JÁAAAAA!

*

—Si el mundo es un pañuelo, ¿qué somos nosotros?

*

—¿Por qué los perros del desierto están siempre aullando?
—Porque tienen que hacer pis en cactus, en vez de en árboles.

*

—¿Qué le dice un pez a otro?
—Nada.

*

—¿Qué es una oreja?
—Sesenta minutejos.

*

—Si homicidio significa matar a un hombre, ¿suicidio significa matar a un sui

*

—¿Qué le dice una pared a otra?
—Nos vemos en la esquina.

*

—¿Qué es un polo?
—Un hijo de un galo y de una galina chinos.

*

—¿De qué color es un chino al que alguien le ha pegado una patada en los tes-
ículos?
—Amarillo chillón.

*

–¿Qué significa apatía?
–¿Y qué más da?

*

–¿Qué hacen mil negros en el Sol?
–Provocar un eclipse.

*

–¿Por qué los ángeles están siempre sonrientes?
–Por la gracia de Dios.

*

-¿Qué le dice el azúcar al café?
-Por ti, me derrito...

*

-¿Por qué usan preservativos los
osquitos?
-Por si las moscas...

*

-¿Qué le dice una manzana que
e de un árbol a las que aún están
él?
¡Inmaduras!

*

¿Por qué ET tenía unos ojos tan
ndes?
Porque vio la factura de teléfono
su casa.

*

—¿Qué le dice el timbre al dedo?
—Si se te ocurre tocarme, grito.

*

—¿Qué le dice un cero a otro?
—No somos nada.

*

—¿Cómo es el amor entre dos chinches?
—Chinchero.

*

—¿Cuál es la parte más dura de un vegetal?
—La silla de ruedas.

*

—¿Por qué no le hace falta un cuchillo a Tarzán?
—Porque tiene a Chita.

*

—¿Cómo se convierte a un burro en una burra?
—Se le encierra en un establo y no se le deja salir hasta que se aburra.

*

—Si un hombre y una mujer se caen desde un décimo piso, ¿quién llega antes suelo?
—El hombre, porque la mujer se para en cada piso a preguntar por dónde es camino.

*

—¿Por qué es bueno sentarse siempre en la última fila del cine, cuando se va ver una comedia?
—Porque el que ríe el último, ríe mejor.

*

—¿Qué compositor era algo corto de vista?
—Stravinski.

*

—¿Y qué compositor tenía una vista prodigiosa?
—Beethoven.

*

—¿Cuál es el único labio capaz de volar?
—La avioneta.

*

—¿Qué hace hermosas a todas las mujeres?
—El alcohol y la oscuridad.

*

—Si @, ¿meten a A en la cárcel?

*

—¿En qué se parece la diarrea a las patatas Pringles?
—En que cuando haces pop ya no hay stop.

*

—¿Qué es un pedo?
—El alma de un garbanzo yéndose al cielo.

*

–¿Dónde cuelga la capa Superman?
–En su perchero.

*

–¿Cuántas hormigas caben dentro de una ballena?
–Ninguna, porque va llena.

*

–¿Qué es un asterisco?
–Un punto despeinado.

*

–¿En qué se diferencian un Ferrari y un wáter?
–En que en el Ferrari te sientas para correr, y en el wáter corres para sentarte.

*

-¿Qué le dice Tarzán a un ratón?
-¿Tan pequeño y con bigote?
-¿Y un ratón a Tarzán?
-¿Tan grande y todavía usando pañales?

*

-¿Qué le dice un piojo a un calvo?
-Si te agachas, me resbalo.

*

—En un control de alcoholemia para letras, ¿cuál es la letra a la que siempre detienen?
—La i, porque lleva un punto.

*

—¿Qué le dice una impresora a otra?
—Esta hoja era tuya, ¿o es una impresión mía?

*

—¿Qué le dicen cuatro paredes a una habitación sin techo?
—Techo de menos.

*

—¿Qué le dice un gusano a otro?
—¿Quieres dar una vuelta a la manzana?

*

—¿Qué debe hacerse en caso de infarto?
—Taparse los ojos... Porque, ojos que no ven, corazón que no siente.

*

—¿Cómo se llama el pez maz inzopoztable?
—Pez ado.

*

—¿Por qué Jesucristo no nació en Bilbao?
—Porque allí era imposible encontrar a tres hombres sabios que hicieran de Reyes Magos.

*

—¿En qué se diferencian un pingüino y una serpentina?
—En que el pingüino tirita de frío, y la serpentina tirita de papel.

*

—En una carrera entre un cubo y una palangana, ¿quién vencería?
—La palan gana.

*

—¿Qué pasa en Inglaterra todos los días entre las cinco y las seis de la tarde?
—Una hora.

*

—¿Por qué Juanita entró en una escuela de canto?
—Porque no cabía de frente.

*

—¿Cómo se extermina a una manada de elefantes?
—Quitándole el ma.

*

—¿Por qué los truenos son gratis?
—Porque relam pagó.

*

—¿Cuál es el libro favorito de los mosquitos?
—Los tres mosquiteros.

*

—¿Cuál es el lema de los vagos?
—No dejes para mañana lo que otro pueda hacer hoy.

*

—¿En qué se parecen un pato cojo y uno viudo?
—En que los dos se han quedado sin pata.

*

—¿En qué se diferencian una casa
cendiándose y una vacía?
—En que de la primera salen lla-
as, y de la segunda no sale nadie si
amas.

*

—¿Qué es una vaca loca?
—Un toro con falda y bolso.

*

—¿En qué se parecen una pistola y
panadero?
—En que los dos hacen pan.

*

—¿En qué se parecen un melón y una manzana?
—En que con ninguno de los dos puede hacerse zumo de pera.

*

—¿Qué le dice la enciclopedia Espasa a su dueño?
—Yo lo sé todo.

*

—¿Qué debe hacer un disquete para convertirse en un disco duro?
—Tomar viagra.

*

—¿Por qué los adivinos no tienen hijos?
—Porque sus bolas son de cristal.

*

—¿Por qué, en el circo, las focas miran siempre hacia arriba?
—Porque allí es donde están los focos.

*

—¿Qué ocurre si un elefante se detiene sobre una pata?
—Que un pato se queda viudo.

*

—¿Qué tiene pelos por fuera, está húmedo por dentro y empieza por la letra «c»?
—Un coco.

*

—¿Qué le dice un cubito de hielo a su novia?
—¡Eres una frígida!

*

—¿Qué tienen las mujeres una vez al mes y les dura unos pocos días?
—El sueldo del marido.

*

—¿Qué es lo que tienen las viejas entre los pechos?
—El ombligo.

*

—¿Qué es una vieja solterona?
—Una mujer que ha vivido ya muchas Navidades, pero ninguna Nochebuena.

*

—¿Cuál es el país que primero te llama y luego te da un susto?
—EE. UU.

*

—¿En qué se diferencian un psicótico y un neurótico?
—En que el psicótico cree que uno más uno son tres, y el neurótico se enfada porque sean dos.

*

—¿Qué le dijo el doctor Frankestein a su ayudante Igor mientras creaba a su monstruo?
—Échame una mano, por favor.

*

—¿Qué es una lápida?
—Una china que cole muy deplisa.

*

—¿Qué es un negro encima de un montón de nieve?
—Un blanco perfecto.

*

—¿Qué es más rápida: la luz o la diarrea?
—La diarrea, porque te cagas antes de que te dé tiempo a encender la luz del cuarto de baño.

*

—¿En qué se diferencian un hombre y una mujer de nieve?
—En las bolas de nieve.

*

—Si cárcel y prisión son sinónimos, ¿por qué no lo son carcelero y prisionero?

*

—¿Qué hace un arquitecto en un urinario?
—Un pisito.

*

—¿Dónde está la dificultad en comprarse un boomerang nuevo?
—Tener que tirar el viejo y deshacerse de él.

*

—¿Qué es un anillo?
—El culillo de un enano.

*

—¿Qué pone en el epitafio de una solterona?
—¡Por fin un polvo!

*

—¿Cómo se multiplican las bacterias?
—Dividiéndose.

*

—¿Adónde van a veranear los mocos?
—A la manga.

*

—¿Qué no se debe decir a un leproso?
—¿Puedes echarme una mano?

*

—¿Cuál es el animal que tiene el parto más doloroso?
—El congrio, porque tiene congritos.

*

—¿Por qué las gallinas protegen tanto a sus pollitos?
—Porque les cuesta un huevo tenerlos.

*

—¿Qué le dice un pollo a un pato?
—Lo que tu haces con la pata, yo lo hago con la polla.

*

—¿Cómo le llaman en Australia a un boomerang que no vuelve?
—Palo.

*

—¿Qué hace un electrón cuando cae al suelo?
—¡Planck!

*

—¿Qué le pasa a un garbanzo que se fuma un porro?
—Que se va de la olla.

*

—¿Qué es una negra embarazada?
—Un kinder sorpresa.

*

—¿Qué es lo último que hizo el Capitán Garfio antes de morirse desangrado?
—Rascarse un huevo.

*

—¿Qué le dice un pedo a otro?
—Cuidado, que esto empieza a estrecharse.

*

—¿Cuál es el mar más peligroso?
—El mar Icón.

*

—¿Cuál es la fórmula del agua bendita?
—H Dios O.

*

—¿Cómo se llama la mujer del huevo?
—Clara.

*

—¿Por qué gritó Tarzán?
—Porque Chita se confundió de plátano.

*

—¿Qué es invisible y huele a plátano?
—El aliento de un mono.

*

—¿Qué hacen un chino y una china en un concesionario de Renault?
—Un clio.

*

—¿Qué tiene detrás la vaca que ríe?
—Un toro.

*

—¿Por qué el mar está lleno de espuma?
—Porque dentro está una sirenita que se llama Ariel.

*

—¿En qué se diferencian la novia, la amante y la mujer de un hombre?
—En que la novia dice «Ahí duele»; la amante, «¡Ay, qué placer!»; y, la mujer, «Hay que tirar la basura».

*

—¿Qué le dice un kiwi a otro?
—Ki wai.

*

—¿Para qué inventó Dios el alcohol?
—Para que las mujeres feas, gordas y estúpidas tuvieran la oportunidad de tener sexo alguna vez.

* * *

RELIGIÓN, CURAS Y MONJAS

—¿A ti que te parece eso de que se casen los curas?
—Hombre, si se quieren…

*

—¿Cómo se llama un transexual vestido de monja?
—Sor Presa.

*

Una monja va a una tienda y le pide al tendero doscientos pepinos. El tendero le dice:
—Si compra doscientos cincuenta, le salen más baratos.
—Está bien… Siempre podemos comernos los otros cincuenta.

*

Dos hombres están violando a unas monjas en un oscuro descampado, y una de ellas dice:
—Perdónale, Señor, porque no sabe lo que hace.
Y la otra monja dice: —¡Este sí que lo sabe!

*

En catequesis, un cura le pregunta a un niño:
—Pedrito, ¿quién va al cielo?
—Los muertos.

*

Para explicar la diferencia entre el conocimiento y la fe, un cura dice:
—El señor Ramírez sabe que está casado y que tiene dos hijos. Eso es conocimiento. Y él cree que los hijos son suyos. Eso es fe.

*

Un cura le dice a otro:

—Con todos estos cambios que está habiendo en la Iglesia, ¿cree usted, padre, que acabaremos pudiendo casarnos?

—Nosotros no, pero nuestros hijos sí.

*

Un hombre medio sordo va a confesarse, y le dice al cura:

—Padre, quiero un Ferrari de color rojo, con asientos de cuero y llantas de aleación especiales.

—Esto un confesionario, hijo... Confesionario, con efe.

*

Jnos padres van a bautizar a su hijo, que era feísimo. Y el cura, que es un guaón, lo lanza hacia arriba y dice:

—Si vuela, es un murciélago.

*

—¿Cómo puede conseguirse que una monja se quede embarazada?

—Disfrazándola de monaguillo.

*

Y Jesucristo dijo, «El que esté libre de pecado, que tire la primera piedra». Acto seguido, una piedra le golpea en la cabeza, y Jesús dice:

—Mamá, ya está bien de tonterías...

*

Jn hombre va a confesarse, y le dice al cura:

—Padre, me confieso de que todas las noches me toco la colita.

—Dime, hijo, ¿cuántos años tienes?

—Cuarenta y cinco, padre.

—¿Y no crees que ya va siendo hora de tocarte la polla?

*

Un grupo de monjas va a confesarse. Y, una por una, hasta la veinte, dice:
—Padre, me confieso de haberme reído en misa.
Cuando le llega el turno a la veintiuno, el cura dice:
—¿Tú también te has reído en misa?
—No, yo fui la que se tiró el pedo.

*

Un cura está dando un sermón, y dice:
—Y Dios, en su infinita bondad, nos hizo a todos a su imagen y semejanza.
Entonces, un jorobado feísimo se levanta, y grita:
—Y conmigo qué hizo, ¡¿experimentos?!

*

Un cura está dando un sermón, y dice:
—Hoy voy a hablaros de la mentira... Recordáis los que se dice de ella en e Evangelio de San Juan.
Todos en la iglesia responden:
—Síii, padre.
—¡Mentirosos!

*

—¿Por qué el cielo es del color azul y no rosa?
—Porque Dios es un hombre.

*

Una pelirroja va a confesarse, y el cura l dice:
—¿Pecas, hija?
—Por todas partes, padre.

*

Un hombre va a confesarse, y dice:
—Padre, confieso que soy un pirómanc
—¡Aaaahh! ¡Lo que tú eres es un cabrór

*

—¿Cuál es el mejor trabajo del mundo
—El de Papa, porque continuamente v a su jefe crucificado.

*

Un hombre se confiesa diciendo:
—Padre, confieso ser un poeta.
—Pero eso no es un pecado, sino un don divino.
—Pues entonces, cómeme el pepino.

*

—¿Por qué las mujeres no pueden ser Papas?
—Porque, si no, en vez de decir su Santidad el Papa habría que decir su Santidad la Mama.

*

Jesucristo deja un momento solos a tres de sus seguidores, y ellos aprovechan para presentarse:
—Yo soy Pedro, y era pescador.
—Yo soy Mateo, y era recaudador de impuestos.
—Yo soy María Magdalena… y estoy encantada de conoceros.

*

Una pareja va a bautizar a su hijo en una iglesia cuyo cura tiene fama de guasón:
—¿Y cómo se va a llamar el niño? —dice el cura.
—Simeón.
—Anda, si le quitas el Si, se queda meón.
—Y si a usted le quitan el Sa, se queda en cerdote.

*

Dios y Zeus están pensando en irse de juerga, y Zeus dice:
—¿Y por qué no vamos a la Tierra?
—¡De eso nada! Estuve allí hace veinte siglos, sólo conseguí acostarme con una nujer en treinta y tres años y, encima, acabaron crucificándome.

*

Jna mujer estéril acude a una ermita donde, según se cuenta, ocurren milagros, dice:
—¿Aquí es donde las mujeres se quedan embarazadas rezando un Ave María?
—No, aquí se quedan embarazadas con el Padrenuestro, pero él está de vacaiones.

*

Un cristiano está a punto de ser devorado por un león en el Coliseo de Roma. Se arrodilla y dice:
—Señor, haz que este león se vuelva cristiano.
Entonces, el león se transforma, y dice:
—Señor, bendice estos alimentos que voy a tomar.

*

Un gallego le pregunta a otro:
—¿Adónde van as monjas de noite?
—A os curas.

*

Durante la Guerra Civil española, llegan unos republicanos a un convento, y dicen:
—Vamos a violaros a todas.
Varias monjas suplican: —No, no, dejen por lo menos a la madre superiora.
Y ésta dice: —Si el señor ha dicho que a todas, es a todas…

*

Un hombre va al confesionario y dice:
—Padre, confieso que soy un lascivo, porque me la chupo a mí mismo.
—De lascivia eres inocente, hijo. Ahora bien, de decir mentiras…

*

Unos hombres ven a un cura masturbándose a la orilla de un río, y dicen:
—¿No le da vergüenza, padre?
—¿Vergüenza, por qué? Todo el mundo tiene derecho a lavarse el pene a la velocidad que quiera…

*

Un cura medio cegato va a comenzar la misa y, leyendo la Biblia, dice:
—Seis mil monos… seiscientos monos… setecientos monos… Sentémonos.

*

—¿Por qué Jesús no caminó sobre las aguas después de su resurrección?
—Porque tenía los pies agujerados, y se habría hundido.

*

—¿Qué le dijo el centurión a Jesucristo?
—¿Le importaría cruzar las piernas? Es que sólo nos queda un clavo…

*

En un concilio, un sacerdote católico le dice a uno protestante:
—No, si, en el fondo, los dos hacemos el trabajo de Dios: tú, a tu manera, y yo a la Suya.

*

—¿Qué le preguntó el dueño de una lavandería a una monja de un convento próximo?
—¿Tiene algún hábito sucio?

*

Cuando Dios expulsa a Adán y Eva del Paraíso, les dice:
—Tú, Adán, tendrás como castigo la obligación de ganarte el pan con el sudor de tu frente. Y tú, Eva, pagarás con tu sangre por tu pecado, aunque en cómodos plazos mensuales…

*

—¿Cuál es la monja más refrescante?
—Sor Bete.

*

—¿Qué pensó Jesucristo mientras lo torturaban?
—Estos cabrones me están haciendo la pascua…

*

—¿En qué se diferencian Jesucristo y un cuadro?
—En dos clavos.

*

Un hombre que está confesándose pregunta:
—Padre, ¿fumar porros es pecado?
—Ni de coña, tronco…

*

—¿Cuál es el santo más animado?
—San Miguel.

*

Un avión está cayendo en picado, y un cura dice:
—Sólo nos queda rezar para que vayamos todos al cielo.
Un hombre dice: —Pues dese prisa, padre, que nos queda poco para llegar al suelo.

*

A unas monjas les para una patrulla de tráfico. Uno de los guardias se aproxima a su coche y se baja la bragueta. Y una de las monjas dice:
—Vaya por Dios. Otra vez el dichoso control de alcoholemia…

* * *

¡RING, RING!

—¡Ring, ring!
—Hola, ¿está Agustín?
—Yo sí, ¿y usted?

*

—¡Ring, ring!
—¿Juan Aparicio?
—Sí, sí, ya aparició.

*

—¡Ring, ring!
—¿Está Conchita?
—No, está con Tarzán.

*

A las tres de la madrugada...
—¡Ring, ring!
—Por favor, ¿la familia Silva?
—No, imbécil, la familia estaba durmiendo.

*

—¡Ring, ring!
—Hola, ¿está perfecto?
—Sí.
—Entonces, ¡felicidades!

*

—¡Ring, ring!
—Por favor, ¿está el padre prior?
—No, la verdad que es que ya se encuentra bastante mejor.

*

—¡Ring, ring!
—¿Es la Asociación de Alcohólicos Anónimos?
—Así es.
—¡Esquiroles!

*

—¡Ring, ring!
—Hola, ¿puede ponerse Gema?
—Pues me temo que no; está en la cama con cuarenta.
—¿Y cabe uno más?

*

—¡Ring, ring!
—¿Sí?
—¿Es el colegio?
—Sí.
—Llamo para decirle que Juanito no puede ir a clase hoy.
—¿Quién llama?
—Mi padre.

*

—¡Ring, ring!
—Por favor, ¿está Alfonso?
—No.
—¿Está usted seguro?
—¿Alguna vez te he mentido, cariño?

*

—¡Ring, ring!
—Hola, ¡ya sé hablar!
—Toma, y yo también.
—Pero yo soy una vaca…

*

—¡Ring, ring!
—¿Es el 91 558 75 95?
—Sí, sí, sí, sí, sí, sí, sí, sí, no.

*

—¡Ring, ring!
—Hola, ¿está tu hermana?
—Está en la cama.
—En brazos de Morfeo, ¿no?
—Bueno, el nombre del tío no lo sé...

*

—¡Ring, ring!
—Hola, ¿está María José?
—No, yo soy José María.
—¡Vaya por Dios! ¡He vuelto a marcar el número al revés!

*

—¡Ring, ring!
—Hola, ¿hablo con el servicio secreto?
—Quizá.

*

—¡Ring, ring!
—Hola, ¿está Armando?
—Todavía no; sigo leyendo las instrucciones.

*

—¡Ring, ring!
—Hola, ¿está Alberto?
—No, ya está cerrado.

*

—¡Ring, ring!
—Hola, Paca, dile a la señora que esta noche no voy a dormir en casa.
—Por supuesto. ¿De parte de quién...?

* * *

SE ABRE EL TELÓN...

—Y aparece un pitufo enseñando el culo. ¿Cómo se llama la peli?
—Ver ano azul.

*

—Y aparece un ladrón. El telón desaparece.

*

—Y aparece un actor, que se tropieza. ¿Cómo se llama el actor?
—Sin ver este escalón.

*

—Y aparecen dos camas: la de madera cuesta 1.000 euros y la de hierro 2.00
¿Cómo se llama la peli?
—La más cara de hierro.

*

—Y aparece una oveja que hace ¡Beeee! sobre un nido. ¿Cómo se llama la peli?
—Alguien baló sobre el nido del cuco.

*

—Y aparece un simio al que ha atropellado una apisonadora. ¿Cómo se llama peli?
—La mona lisa.

*

—Y aparece una mujer gordísima agitada por un viento huracanado. ¿Cómo llama la peli?
—Lo que el viento no se pudo llevar.

*

—Y aparecen diez gitanos alrededor de una mujer blanca. ¿Cómo se llama la peli?

—Los vigilantes de la palla.

*

—Y aparece un vasco que lleva haciendo caca cinco horas. ¿Cómo se llama la peli?

—Termina Aitor.

*

—Y aparece un bebé que acaba de vomitar, mear y cagar sobre su madre. ¿Cómo se llama la peli?

—Todo sobre mi madre.

*

—Y aparece el Hombre de las Nie-es acunando a un bebé. ¿Cómo se ama la peli?

—El retoño del Yeti.

*

—Y aparecen dos gitanos en un bar-o que está hundiéndose. ¿Cómo se ama la peli?

—Gitanic.

*

—Y aparece un higo observando a ro que acaban de matar. ¿Cómo se ama la peli?

—Un higo testigo.

*

—Y aparece un hombre que mueve una botella de whisky de un lado a otro. ¿Cómo se llama la peli?

—Moví Dyc.

*

—Y aparece escrito en un papel la palabra «tasi». ¿Cómo se llama la peli?

—Mal, con X.

*

—Y aparece un cerdo junto a un dinosaurio. ¿Cómo se llama la peli?

—Puerco jurásico.

*

—Y aparece una mujer que se electrocuta. ¿Cómo se llama la peli?

—El amperio contra Paca.

*

—Y aparece un cartel con dos hombres besándose. ¿Cómo se llama la peli?

—Póster gay.

*

—Y aparece una pescadería donde sólo queda un pescado. ¿Cómo se llama l peli?

—El último emperador.

*

—Y aparecen dos hombres; uno acompañado por una prostituta, y otro solo ¿Cómo se llama la peli?

—Sin pendón.

*

—Y aparece un hombre al que le regalan una botella de Dyc al comprar un codi llo. ¿Cómo se llama la peli?

—Con codillo dan Dyc.

*

—Y aparece un hombre que se bebe un vaso de agua y luego hace caca. ¿Cóm se llama la peli?

—Como agua para chocolate.

*

—Y aparecen cinco mujeres despampanantes con el culo en pompa. ¿Cómo s llama la peli?

—Dalas.

*

—Y aparecen diez mil viejas solteras sacando la lengua. ¿Cómo se llama la peli?

—Diez mil lenguas de viejas sin marido.

*

—Y aparece un ciego tocando a un dálmata. ¿Cómo se llama la peli?
—Siento a un dálmata.

*

—Y aparece un enano gritando unas palabrotas horribles. ¿Cómo se llama la eli?
—Vulgarcito.

*

—Y aparece un enano de pie encima le la cabeza de un hombre muy simático. ¿Cómo se llama la peli?
—El duende sobre el tío guay.

*

—Y aparece un pelo tumbado sobre na cama. ¿Cómo se llama la peli?
—El vello durmiente.

*

—Y aparecen dos mujeres en un puelo de Bosnia. ¿Cómo se llama la peli?
—Mujeres al borde de un ataque de rbios.

*

—Y aparece una mujer dando gritos sin parar. ¿Cómo se llama la peli?
—La histeria interminable.

*

—Y aparece una india con las tetas muy separadas. ¿Cómo se llama la peli?
—Poco juntas.

*

—Y aparece un gay que, por fin, ha conseguido salir de casa de sus padres e irse ivir solo. ¿Cómo se llama la peli?
—Independence gay.

*

Y aparecen catorce hombres; trece de ellos, desnudos. ¿Cómo se llama la peli?
A pelo, trece.

*

—Y aparece un autobús del que se bajan siete amigos y un desconocido. ¿Cómo se llama la peli?
—Alguien, el octavo pasajero.

*

—Y aparece una prostituta dentro de una lanzadera espacial. ¿Cómo se llama la peli?
—La guarra de las galaxias.

*

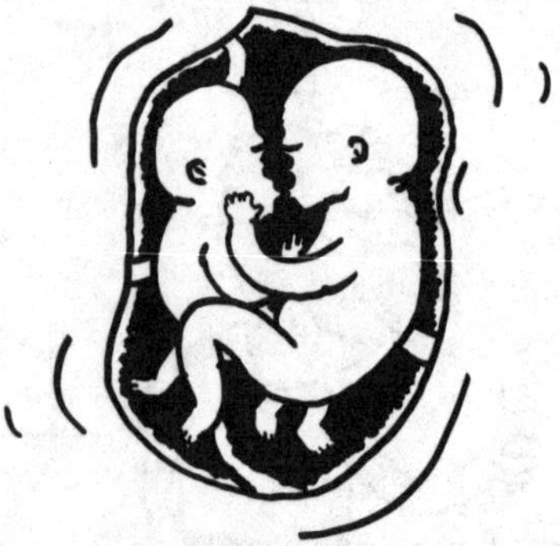

—Y aparece una niña que se ha ahorcad con su propia comba. ¿Cómo se llama l peli?
—Mortal comba.

*

—Y aparecen dos bebés dándose un bes dentro de la barriga de su madre. ¿Cóm se llama la peli?
—Atracción fetal.

* * *

SENTENCIAS (PERLAS DE SABIDURÍA)

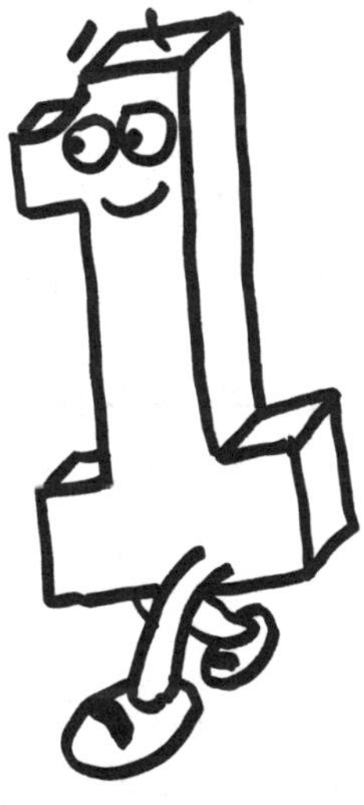

—Los delfines son tan inteligentes que, después de sólo una semana en cautive rio, consiguen adiestrar a los humanos para que les proporcionen pescado fresc tres veces al día.

*

—Las vacaciones son eso que dura cuatro semanas y para lo que hay que traba jar cuarenta y cuatro.

*

—El único modo de salir de un casino con una pequeña fortuna es haber entra do en él con una gran fortuna.

*

—La culpa de que los hombres mientan la tienen las mujeres, porque insiste continuamente en hacerles preguntas.

*

—Los padres saben que sus hijos se han hecho mayores cuando dejan de pregu tarles de dónde han venido y empiezan a negarse a decir a dónde van.

*

—No hay nada tan apaciguador como el sueño de los justos, salvo, quizá, sueño de «justo después».

*

—Las mujeres tienen siempre un enorme sentido del rumor.

*

—Para las mujeres, un secreto es algo que sólo se cuenta a una persona de ca vez.

*

–La bigamia es tener una mujer de más. Y la monogamia también.

*

–El sexo es como el aire: no le damos importancia salvo cuando nos quedamos n él.

*

–La única razón por la que médicos san máscara durante las operaciones s para que nadie los reconozca si algo le mal.

*

-Aquel que ríe el último es el que ensa más despacio.

*

-A robar las ideas de una sola perso- se le llama plagio; a robar la de uchas, recopilación.

*

-Pienso, luego soy soltero.

*

-Antes de salir, Las mujeres se prueban varios vestidos, se peinan, se perfuman, miran en el espejo… Los hombres huelen la ropa que hay sobre la cama, y go se la ponen.

*

Los hombres no están completos hasta que se casan. Luego, están acabados…

*

El amor es un sueño, y el matrimonio un despertador.

*

Muchos hombres deben el éxito a su primera mujer, y al éxito su segunda jer.

*

El mejor modo de recordar para siempre el cumpleaños de una mujer es erlo olvidado una sola vez.

*

—Un buen matrimonio dura eternamente, y uno malo se hace eterno.

*

—Quien vive lo suficiente tiene oportunidad de vengarse de lo que sus hijos l hicieron pasar cuando eran bebés.

*

—Los mejores amigos son aquellos que conocen lo peor de nosotros, pero se nie gan a creérselo.

*

—Si tu jefe comete un error, dirá que es humano; si lo cometes tú, dirá que ere imbécil.

*

—Cualquier imbécil puede criticarte. Y la mayoría lo hace.

*

—Hay muy pocos problemas que no puedan resolverse con órdenes que term nen en «o te mato».

*

—Una cotilla es alguien que jamás diría una mentira si la verdad hace más dañ

*

—Si el 10 por ciento de los accidentes de tráfico se debe a conductores borr chos y el 90 por ciento no, entonces es más seguro conducir borracho.

*

—La línea que separa la publicidad de la mentira es muy tenue.

*

—Cuando en un anuncio se afirma que una cosa es «nueva y mejorada» al falla, porque si es «nueva» no existía antes, y si es «mejorada» es porque ya había y ahora es mejor.

*

—La edad adulta comienza cuando se eligen los cereales por su contenido fibra y no por el regalo que llevan dentro.

*

—La pluma es más fuerte que la espada, pero sólo cuando la espada es muy, m pequeña, y la pluma está muy, muy afilada.

*

—Los conductores no quieren coches baratos, sino coches caros que sean baratos.

*

—Se nota que una persona está muy borracha porque se muestra totalmente descontraída y es incapaz de pronunciar esta palabra de un modo inteligible.

*

—La ventaja de hacer ejercicio es que uno se muere estando más sano.

*

—Si nadar fuera bueno para esculpir un bonito cuerpo, las ballenas no serían como son.

*

—Hay tres modos de conseguir que algo se haga: hacerlo uno mismo, pagar a alguien para que lo haga, o decirle a un niño que no lo haga.

*

—Un pescador sólo dice la verdad cuando llama mentiroso a otro pescador.

*

—Donde hay humo, ahí está la cena hecha.

*

—La pareja perfecta: un matemático y una mujer que tenga muchos problemas.

*

—La medicina ha avanzado tanto, que hoy en día es difícil ir a un médico y que no te encuentre nada.

*

—La buena salud es, simplemente, el ritmo más lento al que uno puede ir muriéndose.

*

—La Historia es algo que nunca ha ocurrido contado por alguien que nunca estuvo allí.

*

—Si yo soy un don nadie, y nadie es perfecto, entonces, yo soy perfecto.

*

—Los amigos de mis amigos son sus amigos.

*

—Hay dos clases de personas según el modo que tienen de entender la Teoría de la Relatividad: unas las entienden y otras no.

*

—En la primera fase de la demencia senil, uno se olvida de subirse la bragueta después de hacer pis. En la segunda fase, uno se olvida de bajársela antes de hacerlo.

*

—Un analista financiero es alguien que mañana sabrá por qué no han ocurrido hoy las cosas que predijo ayer.

*

—Los funcionarios son como los Reyes Magos: sólo trabajan una vez al año.

*

—Más vale pájaro en mano que ser padre a los quince años.

*

—Si las solteras dicen que todos los hombres buenos ya están casados, y las casadas se quejan de que sus maridos no son buenos, entonces los hombres buenos no existen.

*

—¿Qué le dijo el 1 al 10?
—Para ser como yo, tienes que ser sincero.

✳

—Las vírgenes que se meten a monjas no tienen cura.

✳

—No hay mujeres feas; sólo hombres no lo suficientemente borrachos.

✳

—Las minifaldas vuelven educados a los hombres. Siempre que una mujer lleva una, ellos la dejan subir primero al autobús.

✳

—A un hombre soltero le gustan todas las mujeres. A uno casado, le gustan todas menos una.

✳

—Por el matrimonio, dos personas se convierten en una sola. El problema es decidirse cuál de las dos tiene que desaparecer.

✳

—Oración para un gordo: «Por favor, Dios mío, si no consigues hacerme delgado, haz que todos los demás se vuelvan gordos».

✳

—Si hacemos caso a la Estadística, el ser humano medio tiene una teta y medio pene.

✳

—Todas las generalizaciones son falsas. Incluida esta generalización.

✳ ✳ ✳

SEXO

—Señora, ¿la Notaría?
—Hombre, si se acerca usted lo suficiente…

*

—Señora, ¿si le doy mil millones me la chupa?
—Sí.
—¿Y si le doy un euro?
—¡Claro que no, ¿quién cree que soy?!
—Lo que usted es ya lo sabemos. Ahora tenemos que ajustar el precio.

*

—Por favor, la salida de emergencia?
—Yo misma.

*

—Mamá, ¿la criada es un supositorio?
—No, hijo, claro que no, ¿por qué lo dices?
—Es que papá dice que se la va a meter por el culo.

*

—Ayer estuve con una mujer… Oh, qué tetas, qué culo, ¡qué todo!
—¿Y de cara?
—De cara, carísima, amigo mío.

*

Un hombre vuelve de su luna de miel, y un amigo le pregunta:
—¿Qué tal la luna de miel?
—No fue mal. Un poco más, y consigo cepillármela.

*

Un hombre le cuenta a un amigo:
—Anoche me enrollé con un par de gemelas.
—¿Y cómo fue la cosa?
—Bien y mal.

*

Un hombre se va a la cama con su mujer. Entonces, trata de meterle en la boca una aspirina y ella dice:
—¡¿Pero, qué haces?!
—¿Hoy no te duele la cabeza?
—No.
—Entonces ¡vamos a echar un polvo!

*

Una mujer está en el cine, y de repente grita:
—¡Quítame esa manaza de encima! No, ¡tú, no! ¡Él!

*

Un masoquista:
—¡Pégame!
Un sádico:
—¡No!

*

Un hombre le pregunta a un amigo:
—¿Tú hablas con tu mujer cuando haces el amor?
—Sólo si llama por teléfono.

*

Una pareja está en medio del desierto, y ella se abre de piernas y le dice a él:
—Pepe, hazme una putada.
Inmediatamente Pepe arrancó el coche, y se marchó.

*

Un hombre le pregunta a su mujer:

—¿Por qué nunca me avisas cuando tienes un orgasmo?

—Porque nunca estás en casa cuando eso ocurre.

*

—¿Qué es peor que ser violada por Jack el destripador?

—Que el Capitán Garfio te haga un dedo.

*

Un hombre le pregunta a su amigo:

—¿Cómo era tu cita a ciegas?

—Ciega.

*

—¿Qué le dice el testículo izquierdo al derecho?

—No hables con ese del medio, que es un nabo.

*

—A partir de los ochenta años, «Levántate y anda» dejan de tener sentido.

*

Un hombre le cuenta a su amigo:

—El otro día fui al cine, y vi una escena tórrida de sexo que duró una hora.

—¿Y de qué iba la película?

—No lo sé. Me la pasé mirando para los asientos de atrás.

*

Una mujer le dice a su psiquiatra:

—Por favor, béseme.

—No puedo. Eso sería poco ético. La verdad es que ni siquiera deberíamos estar haciendo el amor.

*

—¿Por qué las mujeres sienten más con el corazón?

—Porque es el dedo más largo.

*

Una mujer va a un médico, y le dice:

—Doctor, cada vez que mi marido llega al orgasmo pega un berrido infrahumano.

—Sí, bueno, eso es bastante normal.

—Será normal, pero es que a mí me despierta…

*

Una mujer le dice a su marido:

—Cariño, he pensado que esta noche podríamos cambiar de posición.

—¿Tú encima y yo debajo?

—No: tú en la cocina y yo en el sillón.

*

Un hombre le pregunta a un amigo:

—¿Tu mujer y tu practicáis la postura de perro?

—Bueno… Algo así.

—¿Qué? ¿Es algo más morboso…?

—Verás, ella se hace la muerta cada vez que yo me acerco.

*

Un yonqui atraca a un hombre, y le dice:

—La chupa o la vida.

—La chupo, la chupo…

*

—¿Qué es una chincheta?

—Un M&M con una gran erección.

*

En clase, un profesor pregunta:
—¿Cuál es el órgano cuyo tamaño puede llegar a multiplicarse por diez?
Una chica dice: —¿El pene?
—La pupila... Pero felicite a su novio de mi parte.

*

Una mujer le dice a otro:
—Mi marido es tocólogo.
—¿Ah, sí? Pues el mío es meteorólogo.
—¡Qué suerte tienen algunas...!

*

—¿Cuál es el tiempo verbal de no tenía que haber pasado?
—Preservativo imperfecto.

*

Un hombre le dice a otro:
—Mi mujer es un objeto sexual.
—¿Está muy buena?
—No. Es que siempre que le pido sexo me pone objeciones.

*

—¿Por qué los perros se lamen los testículos y los hombres no?
—Porque los perros pueden y los hombres no llegan.

*

Un niño se asoma por el resquicio de la puerta de la habitación de sus padres, lo ve hacer un sesenta y nueve, y dice:
—¡Jo, y a mí quieren llevarme al psiquiatra porque me muerdo las uñas!

*

—¿Qué vive en una cuevita, es de color rosa, y está muchas veces presente en los actos sexuales?
—La lengua.

*

—¿Por qué se dice que las ostras son afrodisíacas?
—Porque una mujer que vea a un hombre comerse una ostra sabe que él es cap de comerse cualquier cosa...

*

—¿Qué le dice un plátano a un vibrador?

—No sé porque tiemblas tanto, si al que se van a comer es a mí.

*

—¿Qué es una exageración?

—Agarrársela con una mano, poner a otra mano delante. Y, lo que sobre; so, es una exageración.

*

Jn clítoris le dice a otro:

—Me han dicho que eres un frígido.

—Oh, eso son las malas lenguas.

*

—Entra Pamela Anderson. Y se corre el telón.

*

—¿En qué se parecen el sexo y el mus?

—En que si no tienes una buena pareja te hace falta una buena mano.

*

—¿Qué es una chica virgen en Tasmania?

—Una capaz de correr más que sus hermanos.

*

l lobo malo le dice a caperucita:

—Caperucita, caperucita, ¿quieres divertirte conmigo detrás de esos arbustos?

—A mí mama no le gustaría.

—A tu mamá le encantó…

*

—¿Cuánto dura un polvo?

—Depende de lo que dure dura.

*

—¿Qué le dice una ninfómana despechada a un equipo de fútbol?

—No me acostaría con vosotros ni aunque fuerais los últimos once hombres del undo.

*

Una ninfómana le dice a una amiga:
—¡Qué vergüenza de cine! He tenido que cambiarme diez veces de sitio.
—¿Por qué? ¿Alguien te ha molestado?
—¡Sólo al final!

*

Un hombre le dice a otro:
—Hola, soy paraguayo y he venido a su casa para tirarme a su hija.
—¡¿Para qué?!
—Paraguayo.

*

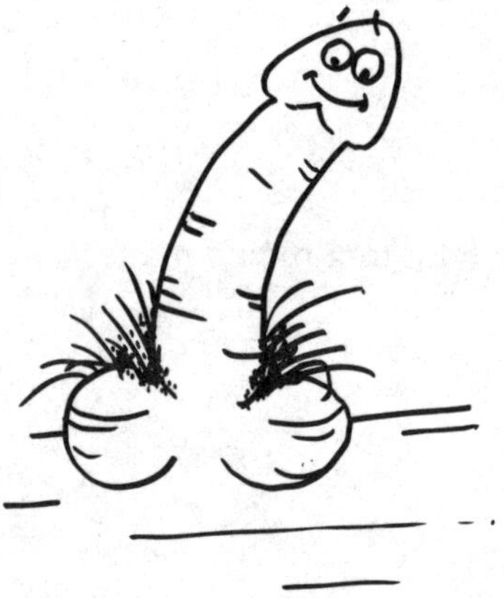

Un hombre le dice a su novia:
—¿Quieres que hagamos un sesenta y ocho?
—¿Y eso cómo es?
—Tú me la chupas y yo te debo una.

*

—¿Qué dice un pene cuando se levanta por la mañana?
—¿Qué cojones voy a ponerme hoy?

*

Un hombre le dice a una mujer:
—¿A que te hago magia? ¿A que te echo un polvo y desaparezco?

*

Una mujer le dice a otra:
—Mi marido es cien por cien impotente.
—Pues el mío lo es al doscientos por ciento.
—¿Y eso?
—Además de ser impotente, no tiene lengua...

*

Un hombre extremadamente vanidoso acaba de terminar de hacer el amor con una mujer, y le pregunta:

—¿Qué tal?
—Oh, ha sido increíble.
—¿Y qué se dice…?

*

—¿Qué le dice la novia de Pinocho a éste cuando hacen un sesenta y nueve?
—¡Miente, Pinocho, miente!

*

Un marido se acuesta con su mujer y empieza a aproximarse, cuando ella lo detiene diciendo:
—Hoy no, Paco, que me duele la cabeza…
—Pero, bueno, ¡¿qué os pasa hoy a todas?!

*

Una mujer le dice a su novio:
—Manolo, ¿comemos o qué?
—Primero qué, y luego, si quieres, comemos…

*

—¿Por qué los hombres solteros y los casados se envidian mutuamente?
—Porque los dos creen que los otros practican más el sexo.

*

Un hombre llama delicadamente con los nudillos a la puerta del cuarto de baño, y pregunta:
—¿Estás cagando, amor?
—No, estoy cagando mierda.

*

Una mujer y su marido están paseando por el campo, cuando ella dice:
—Pepe, cuánto me gustaría que tú fueras como aquel toro de allí, que mantiene contentas a esas cincuenta vacas.
—Sí, cariño, pero ¿te has fijado en que son cincuenta vacas distintas?

*

Un hombre le dice a su mujer:
—Pepa, ¿me dejas que te la meta por la oreja?
—Pero, Alfonso, ¡¿Y si me quedo sorda?!
—¡Qué te vas a quedar sorda, mujer! ¿No ves que llevo veinte años metiéndotela por la boca y no te has quedado muda?

*

Un hombre le confiesa a un amigo:
—Mi novia me trata como si yo fuera un pedazo de carne.
—Pero, ¡eso es estupendo, ¿no?!
—¡Qué coño estupendo, si ella es vegetariana!

*

—¿Qué usan las esquimales para masturbarse?
—Un frigodedo.

*

Un hombre se presenta ante el padre de su novia, y le dice:
—Señor, quería pedirle formalmente el cuerpo de su hija.
—¡¿Querrá usted decir «la mano» de mi hija?!
—No, señor. Quiero decir el cuerpo que, para manos, tengo las mías, y ya estoy cansado de hacerme pajas.

*

Un hombre le pregunta a un amigo:
—¿A ti te gustan los tríos?
—Sí, ¿por qué no?
—Pues date prisa, que tu mujer ha empezado sin ti.

*

En una fiesta, un hombre le dice a una mujer:
—¿Quieres bailar?

—No está hecha la miel para la boca del asno.
—No, he dicho que si quieres bailar, no que si quieres chupármela.

*

—¿Cómo se dio cuenta Pinocho de que era de madera?
—Porque se pegó fuego al intentar masturbarse.

*

—El noventa y nueve por ciento de los hombres se masturban. Y el uno por ciento restante miente.

*

—¿Qué hace falta para conseguir tirarse a una negra en una habitación a oscuras?
—Puntería.

*

—¿Qué le dice un semáforo a otro?
—Ahora no mires, que me estoy cambiando.

*

Una jovencita de dieciocho años se casa con un viejo de noventa, y en la noche de bodas ella dice:
—Yo no sé cómo hacerlo.
—¡Y yo no me acuerdo de cómo se hace!

*

—¿Qué dice un mejicano después de masturbarse?
—¡Gracias, mano!

*

Un niño le pregunta a su padre de dónde vienen los niños, y el padre dice:
—Verás, Juanito, papá pone una semillita dentro de mamá, y luego… ¡la empu-
a con la polla!

*

un hombre lo detienen por violar a un delfín en el zoo. Y su mujer le dice:
—Pero, ¡¿cómo puedes haberme hecho eso?! ¡Quiero el divorcio!
—No me importa. Hay muchos más peces en el mar…

* * *

TACAÑOS

—Papá, el vecino me ha dicho que no va a prestarnos más veces el martillo, porque se desgasta.
—¡Menudo tacaño! Bueno, entonces tendremos que usar el nuestro.

*

En su lecho de muerte, un hombre dice:
—¿Cariño, estás aquí?
—Sí, mi amor.
—¿Y nuestros amados hijos?
—También, cariño. Están todos aquí.
—¿Y entonces por qué os habéis dejado encendida la televisión?

*

Un hombre entra en un bar, y pregunta:
—¿Cuánto cuesta el café?
—Un euro y medio.
—¿Y el agua?
—El agua es gratis, hombre.
—Entonces, deme diez litros.

*

—Mamá, ¿me dejas ver la tele?
—Claro, hijo, pero no la enciendas.

*

Una mujer le dice a su marido:
—Jordi, ¿por qué no me llevas al cine?

—¡Pero, otra vez!
—Es que dicen que ahora las películas son en color...

*

Un acreedor, ya desesperado, le pregunta al moroso:
—Al menos dígame si puedo esperar que me pague.
—Oh, sí, puede usted esperar todo el tiempo del mundo.

*

En su lecho de muerte, un judío se quita el reloj de la muñeca, y le dice a su hijo:
—Hijo mío, este reloj ha pasado de mi bisabuelo a mi abuelo, de mi abuelo a mi padre, y de mi padre a mí. Y ahora ha llegado tu turno, ¿cuánto me das por él?

*

Un catalán deja un momento sobre una mesa su lata de cerveza, y cuando vuelve a cogerla ve que hay una mosca sobre ella. Entonces, agarra a la mosca y grita:
—¡Devuélveme mi cerveza!

*

Refrán típico de Cataluña: «Lo mío es mío, y lo tuyo es nuestro».

*

Un amigo le dice a otro:
—Oye, Pere, ¿tú que haces cuándo empieza a apretar el frío?
—Pues me acerco a la estufa.
—¿Y cuándo ya hace frío de verdad?
—Ah, entonces la enciendo.

*

Un médico le dice a un hombre que ha ido a visitarlo:
—Usted bebe más de lo que debe.
—No, doctor, se confunde: yo debo mucho más de lo que bebo.

*

—¿Qué quieres tomar?
—Depende.
—¿Depende de qué?
—De si pagas tú o yo.

*

Un empleado se queja airadamente a su jefe porque le faltan cien euros en su sueldo, y el jefe le dice:
—Pero, el mes pasado, cuando le dimos cien euros de más usted no se quejó.
—Hombre, es que una equivocación se puede consentir, pero dos ya no.

*

Dos catalanes hicieron una apuesta d un euro para ver quién aguantab más tiempo debajo del agua, y la policía todavía no ha encontrado lo cadáveres.

*

—¿En qué se parecen Superman y u catalán generoso?
—En que los dos son personajes d ficción.

*

Un hombre entra en un banco, y pid que le den dos mil euros de su cuent
Entonces, el dependiente pregunta:
—¿Cómo quiere el dinero?
—¡Con todo mi corazón!

*

Un casero le dice a su inquilino moroso:
—Por ser Navidad, hoy voy a olvidarme de la mitad del alquiler que usted m debe.
—Me parece muy bien. Y, para seguir su ejemplo, yo me olvidaré de la ot mitad.

*

El día antes de Reyes, un hombre le pregunta a su jefe:

—¿Podría darme el día libre para ir con mi mujer a comprar regalos para mis siete hijos?

—¡Claro que no!

—Gracias, señor. Sabía que usted lo comprendería...

*

Dos catalanes están en un banco cuando entran unos atracadores. Uno, saca corriendo un billete y dice:

—Aquí tienes los 500 euros que te debía.

*

A un niño catalán se le cae un diente, y lo pone debajo de la almohada, para el ratoncito Pérez. Al día siguiente, ve que el diente ya no está, y que en su lugar hay un papel que dice: «Sigue probando».

*

—¿Por qué los catalanes no compran frigoríficos?

—Porque no terminan de creerse que la luz se apague al cerrar la puerta.

*

Noticia: «Un taxi se ha chocado contra un poste en la avenida Diagonal de Barcelona. Los quince pasajeros se encuentran bien».

*

—¿Por qué los catalanes no quieren llevar a sus hijos al colegio?

—Porque allí les obligan a prestar atención.

*

Un catalán está en medio de la selva amazónica, cruzando un puente de cuerdas, cuando éstas empiezan a romperse.
—Dios mío, por favor, si haces que no se rompan te doy dos mil euros.
Al final, el puente se rompe del todo, y el catalán grita:
—¡¿Cómo sabías que no te iba a pagaaaaaar?!

*

Un hombre le dice a otro:
—Mi padre se dejó todo a sí mismo en su testamento.
—¿Es que estaba loco?
—No. Creía en la reencarnación…

*

Un tacaño va con otro hombre cuando ve un céntimo en el suelo. Para picarle el segundo hombre le dice:
—¿No lo coges?
—Yo por un céntimo no me agacho… —y después de sacar del bolsillo un billete de cincuenta euros y tirarlo al suelo, dice: — Pero por cincuenta euros y un céntimo, sí.

*

Dos amigos catalanes se cruzan por la calle, y uno le pregunta a otro:
—¿Dónde está tu anillo? ¿Es que te has divorciado?
—No, no. Es que esta semana le toca llevarlo a mi mujer.

*

A un catalán le da infarto, y cuando lo meten en la ambulancia el médico dice:
—Póngale la mascarilla.
—No, ¡la mascarilla, no! Por favor, quiero la más baratilla.

*

Un catalán entra en la casa de un amigo, ve que aquél está arrancando el papel de las paredes, y le pregunta:
—¿Qué? ¿Estás redecorando el salón?
—No. Estamos de mudanza.

*

Un cura que está contando el dinero recogido con el cepillo ve que, entre un montón de billetes, hay dos céntimos, y dice:

–Vaya, hoy debe de haber un catalán entre nosotros...

Al fondo de la iglesia, alguien murmura:

–¿Le decimos que somos cinco?

*

En el entierro de un multimillonario, un hombre está llorando desesperadamente, y el cura le pregunta:

–Usted era un familiar muy próximo, ¿verdad?

–No.

–Y, entonces, ¿por qué llora?

–Por eso mismo, padre.

* * *

TERCERA EDAD

Un abuelo le dice a su nieto:
—Cuando tengas mi edad, pasarán tres cosas. La primera es que la memori empezará a fallarte, y de las otras dos no me acuerdo.

*

Un anciano que fue un famoso actor llega a un asilo, y al comprobar que nadi lo reconoce, le pregunta a una anciana:
—¿No sabe quién soy yo?
—Me temo que no. Pero, si se lo pregunta a las enfermeras, se lo dirán.

*

—¿En qué consiste la demencia senil en los hombres?
—En perseguir a jovencitas y no recordar qué hacer con ellas cuando se las coge

*

En un asilo, una anciana de noventa años levanta el puño cerrado y dice:
—Quien adivine qué tengo en la mano puede hacerme el amor salvajemente es noche.
Un viejo responde:
—¿Un elefante?

*

—La razón por la que los abuelos y sus nietos se llevan tan bien es que amb tienen un enemigo común.

*

—¿En qué se parecen las estrellas a los dientes de un anciano?
—En que las dos cosas salen de noche.

*

Una anciana le dice a su amiga de toda la vida:

—Nos conocemos desde hace cuarenta y años, y no consigo acordarme de tu nombre. ¿Cuál es, querida?

—¿Necesitas saberlo ya?

*

—Cada vez que se porte mal con su hijo, recuerde que será él quien elija su asilo.

*

Un hombre muy viejo va conduciendo por la carretera, cuando le llama al móvil:

—¡Ten cuidado, Luis! Dicen que un coche va en sentido contrario por la autopista.

—Uno, no... ¡Todos!

* * *

TIENDAS

Un hombre muy feo entra en una pescadería, y dice:
—¿Me pone bonito?
—Yo soy un simple pescadero, y no la virgen de Fátima.

*

En el panadero:
—Deme usted una barra de pan. Y, s
tiene huevos, dos docenas.
Y el panadero le dio veinticuatr
barras…

*

—¿Le ha gustado la sopa al señor?
—Muchísimo.
—¿Quiere repetir?
—Muchísimo.

*

En una tienda de artículos de caza:
—¿Tienen trajes de camuflaje?
—Sí, pero no consigo encontrarlos.

*

Una señora entra en una droguería, y dice:
—Quería un bote de champú.
—¿Para cabello graso, teñido o seco?
—Para cabello sucio.

*

Una mujer entra en una zapatería, y muy indignada dice:

—El otro día me vendió usted un par de zapatos mal hechos: el tacón de uno es cinco centímetros mayor que el otro. ¿Qué se supone que debo hacer con ellos?

—¿Cojear?

*

Una mujer se siente ofendida por un comentario hecho por un empleado, y dice:

—No he venido aquí para ser insultada.

—¿Ah, no? ¿Y adónde suele ir cuando quiere que la insulten?

*

Un hombre entra en una peluquería, y el barbero le dice:

—¿Quiere que le corte las patillas?

—¡Claro que no! ¡¿Cómo quiere que ande luego, con los cojoncillos?!

*

Un hombre entra en una farmacia, y dice:

—¿Tiene usted calmantes fuertes para los nervios?

—Sí.

—Pues entonces tómese un par de ellos, porque... ¡Esto es un atraco!

*

Un hombre entra en un supermercado, y dice:

—Quería una botella de agua.

—¿De Lanjarón, que alegra el corazón?

—No, de Bezoya.

*

Descartes entra en una pajarería muy ruidosa, y dice:

—¿Quería pienso para canarios?

—¿Que quería un canario?

—No, pienso.

Descartes dejó de existir.

*

En una pastelería, dice un cartel: «Tartas de manzana como las que hacía su madre: 5 euros. Tartas como las que le dice a su mujer que hacía su madre: 10 euros».

*

Un hombre entra en una farmacia, y pide:

—Me da un condón.

—¡Hombre, por favor, que hay aquí dos señoras!

—Bueno, entonces deme dos más.

*

Un hombre entra en una tienda de deportes, y pregunta:

—¿Tiene usted pelotas para jugar al tenis?

—Sí, claro.

—Pues, entonces, ¡le espero mañana a las diez!

*

Podría hacerme un favor?

—Sí, diga.

—¿Me cambia este billete de diez euros por tres de cinco?

—¿Será por dos?

—Si es por dos, no me hace ningún favor.

*

Un señor entra en una zapatería, y dice:

—Quería unas botas de fútbol.

—¿Con tacos?

—¿Me da unas putas bota de fútbol?

*

Un hombre entra en una tienda, y dice:

—¿Un hombre entra en una carnicería, y pregunta:

—¿Tienen patos salvajes?

—No, pero, si quiere, intentamos cabrear a un pollo.

*

Un hombre entra en una farmacia, y dice:

—¿Me da usted quinientos preservativos?

—¿Y no le saldría más barato plastificársela?

* * *

TONTOS MUY TONTOS

—Diga usted Ahhh.
—No puedo, doctor; soy analfabeto.

*

—Me llamo Arturo, ¿y usted?
—Yo no.

*

Un hombre entra en una zapatería y pregunta:
—¿Tiene zapatos de cocodrilo?
—Sí, ¿qué número calza su cocodrilo?

*

—Alfonso, ¿cuánto me das por este reloj?
—¿Qué marca?
—¡Pues la hora, hombre! ¡¿Qué va a marcar?!

*

Una mujer le pregunta a su amiga:
—¿Y qué es de Pilar?
—Consiste en quitarse los pelos del cuerpo.

*

Una mujer entra en una pajarería, y pregunta:
—¿Cómo se llama este pájaro?
—Lo ignoro.
—Loignorito, bonito, ¿sabes hablar?

*

El vigía de un barco dice:
—Capitán, se acercan diez carabelas.
—¡Una flota!
—No, señor, flotan las diez.

*

Un hombre está con su mujer en el coche, y dice:
—Creo que uno de los intermitentes está fundido. ¿Puedes bajar y decirme si funcionan?
La mujer baja, y dice:
—Ahora sí, ahora no, ahora sí, ahora no, ahora sí…

*

Una mujer le pide a su marido que rellene el salero, y diez horas más tarde, al ver que no vuelve de la cocina, va a buscarle y le pregunta:
—¿Por qué tardas tanto?
—¡No sabes lo difícil que es meter las sal por estos agujeritos!

*

—Cariño, ¡he encontrado trabajo en Santiago!
—¿De qué?
—De Compostela.

*

—Un hombre se enteró de que, estadísticamente, el noventa por ciento de los accidentes ocurrían en un radio de 2 km alrededor de la casa de uno. Y entonces se mudó a más de 2 km de su antigua casa.

*

Un hombre está perdido, y le pregunta a un transeúnte:
—¿Puede decirme cuál es el modo más rápido de llegar a Cáceres?
—¿Andando o en coche?
—En coche.
—Pues ese es sin duda el modo más rápido.

*

Un hombre le dice a un amigo:
—El otro día vi un concurso de anuncios que me grabó mi mujer.
—¿Y qué? ¿Estuvo bien?
—No lo sé. Lo pasé con el botón de adelantar.

*

Un niño que ha faltado a clase el día anterior, explica:
—No pude venir porque la vaca estaba en celo, y tuve que llevársela al toro para que la montara.
—¿Y no podía haber hecho eso tu padre?
—Oh, no, tenía que ser el toro.

*

Un niño recibe su examen, y al ver que le han puesto un cero pregunta por qué:
—Porque has copiado el examen de Pedrito.
—¿Y cómo puede estar tan segura?
—Porque cada vez que él ha contestado «No sé», tú has puesto «Yo tampoco».

*

Dos hombres van andando por la calle, y uno dice:
—¡Mira, un pájaro muerto!
El otro mira hacia arriba, y pregunta:
—¿Dónde?

*

En la puerta de un cuarto de baño público de mujeres, se lee: «Mi marido me sigue a todas partes». Y, debajo: «Eso es mentira».

*

Después de dos días buscando a un excursionista perdido, el guardia le pregunta, al encontrarlo:
—Pero, ¿cómo ha podido perderse, si tenía usted una brújula?
—Porque la aguja marcaba siempre el Norte y yo quería ir hacia el Sur.

*

Un hombre llega tardísimo a una fiesta, y el anfitrión le dice:
—¿Por qué has llegado tan tarde?
—Es que decidí echar a cara o cruz si venía, y ha tardado dos horas en salir lo que elegí.

*

Un hombre ve a su mujer agachada en el suelo, y le pregunta:
—¿Qué estás buscando?
—Oh, es que se me ha caído un euro en la otra habitación?
—Y, entonces, ¿por qué estás buscándolo en ésta?
—Porque aquí hay más luz.

*

Un matrimonio sueco tiene su quinto hijo, y el marido le pregunta a su mujer:
—¿Qué nombre vamos a ponerle?
—Fu Wang.
—Pero, ¡ese es un nombre chino!
—Por eso mismo; ¿no dicen que uno de cada cinco niños que nacen es chino?

*

Una mujer ve a su marido con una regadera, y le pregunta:
—¿Adónde vas?
—A regar las plantas.
—Pero, si está lloviendo.
—Oh, entonces voy a buscar antes el impermeable.

*

Un hombre llega a su casa, y le dice a su mujer:
—María, ¿has visto qué lector de DVD he comprado?
—Pero, si no tenemos dinero para esas cosas.
—No te preocupes. Lo he comprado con lo que me han dado por la televisión.

*

Una profesora le pregunta a una alumna:
—María, ¿cuál es el punto más profundo del Océano Atlántico?
—El fondo.

*

En una biblioteca, un hombre grita:
—¡Hay que evacuar el edificio!
—¿Por qué?
—Porque he encontrado dinamita en el diccionario.

*

Un hombre ve que otro está delante de un espejo, con los ojos cerrados, y le dice:
—¿Se puede saber qué hace?
—Estoy intentando ver qué aspecto tengo cuando estoy durmiendo.

*

Un hombre va a un banco, y pide una caja de seguridad para guardar su reloj:
—¿Puede preguntarle para qué hace eso?
—Para ahorrar tiempo.

*

Un hombre le pregunta a su hija:
—¿Qué tal el examen?
—Oh, las preguntas eran fáciles.
—¿Y?
—Pero las respuestas no.

*

Un hombre le pregunta a otro:
—¿Es malo cruzarse con un gato negro?
—Depende.
—¿De qué?
—De si eres un hombre o un ratón.

*

Un hombre le dice a otro:
—No tengo fe en mi médico.
—¿Por qué?
—Porque todos sus pacientes están enfermos.

*

Un mendigo se cruza con una mujer gordísima, y le dice:
—Por favor, llevo tres días sin comer nada.
—¡A eso le llamo yo fuerza de voluntad!

*

Un hombre inglés ve a un amigo echar unos polvos en su jardín, y al preguntarle por ello el otro le dice:

—Es polvo anti-leones.

—Pero, ¡si sólo hay leones a miles de kilómetros de aquí!

—¡Ves cómo funciona!

*

Un matemático va paseando por el campo, cuando se cruza con un pastor y su rebaño, y dice:

—Tiene usted 1.587 ovejas.

—¡Vaya! ¡¿Cómo ha podido determinarlo con tanta rapidez?

—Es elemental: he contado el número de patas, y luego he dividido entre cuatro.

*

Un hombre le dice a otro:

—Yo tengo una excelente memoria excepto para tres cosas: nombres, caras… y no recuerdo qué más.

*

Un hombre le dice a otro:

—Creo que estoy sufriendo amnesia y un déjà vu al mismo tiempo.

—¿Por qué?

—Porque creo que ya he olvidado esto en otra ocasión.

*

Un hombre le dice a un amigo:
—Creo que jamás me he equivocado en nada. Una vez pensé que sí, pero estaba equivocado.

*

Una mujer va a un banco a cobrar un cheque, y el cajero le dice:
—Tiene usted que firmarlo por detrás.
—Está bien... «Para mi querida Sofía, con cariño... Mamá».

*

Dos hombres están perdidos en medio del desierto del Sáhara, y uno le dice a otro:
—¿Has visto eso?
—¿Quién, yo?

*

Un niño llega a casa de la tienda, y su madre le dice:
—¿No te he dicho que compraras un kilo de peras? ¿Por qué no las has traído?
—Porque estaban todas verdes...

*

Dos hombres van por el campo, y uno le pregunta a otro:
—¿Sabes cómo se llama esa montaña?
—¿Cuál?
—¿Y la de al lado?

*

Dos partidarios de Zapata entran en un bar, y uno dice:
—¡Que viva la menstruación!
—Será la revolución.
—¡Da igual, lo importante es que corra la sangre!

*

Un hombre se encuentra con un amigo al que no ve hace mucho, y le dice:
—Pues yo me casé con Juana.
—¿Ah, sí? ¿Y dónde está?
—En la cama, con treinta y nueve.
—Si ya sabía yo que era una puta...

*

Un hombre le dice a otro:
—Ayer, entre pitos y flautas, me gasté mil euros.
—¿Y en qué te los gastaste?
—Pues eso, en pitos y en flautas.

*

Un hombre dice: «En el mundo hay tres tipos de personas; las que saben contar y las que no».

*

Un hombre le dice a un amigo:
—Me han regalado cien palomas.
—¿Mensajeras?
—Que no, de verdad, que son cien.

*

Un hombre le pregunta a otro:
—¿Y usted cómo se llama?
—Gabriel, pero cuando estornudo todos me llaman Jesús.

*

Una mujer muy tonta está siendo asaltada, cuando, de repente, aparece El zorro, a salva, y deja su marca en un árbol próximo. Y ella dice:
—¡Gracias, Zuperman!

*

Un hombre le dice al camarero:
—¡Le he pedido ya cien veces un vaso de agua!
—¡Marchando cien vasos de agua para el señor…!

*

Un hombre le pregunta a otro:
—¿Adónde vas con esa carretilla de estiércol?
—A echársela a las fresas.
—¿Y no las prefieres con nata?

*

n hombre le dice le a otro:
—¡Me he aprendido la guía de teléfonos completa de Madrid!

—¡¿De memoria?!
—No, si te parece, razonándola.

*

Un hombre le pregunta a un amigo:
—¿Qué tal en casa de tu novia?
—A medias: le caí muy bien a sus padres y también a sus hermanos, pero a su marido no.

*

En un fuerte del Salvaje Oeste, un vigía grita:
—¡Que vienen los indios!
—Pero, ¿son amigos o enemigos?
—Deben de ser amigos, porque vienen todos juntos.

*

Un niño le dice a otro:
—Tu padre es un proscrito.
—¡Y el tuyo un triguetón!

*

Iba una niña pequeña paseando por el bosque, cuando cayó la noche... la aplastó.

*

Dos viejos chochos se cruzan, y uno le dice a otro:
—Hola, José.
—Hola, Pepe.
—Pero, si no me llamo José.
—Ni yo Pepe.

*

Un hombre le pregunta a un amigo:
—¿Viste el apagón de noche?
—No. En mi casa se fue la luz.

*

Un hombre se monta en un autobús, y pregunta:
—¿Cuánto cuesta?
—Un euro.
—Pues bajaos todos, que me lo llevo.

*

Una profesora le pregunta a un alumno:
—¿Cuánto es dos por tres?
—Seis.
—¿Y tres por dos?
—Sies.

*

Jna mujer va a la carnicería, y dice:
—¿Tiene usted manitas de cerdo?
—Sí.
—¿Y cabeza de cordero?
—También.
—¡Dios mío, usted es un monstruo!

*

Jna mujer le dice a su marido:
—Tienes que darme cien euros para pagar la luz.
—Por mí, puede quedarse encendida.

*

ntra un atracador con un gato en un banco, y dice:
—¡O me dan todo el dinero o aprieto el gatillo?

*

In hombre le dice a otro:
—Si adivina cuántos billetes de quinientos euros tengo en el bolsillo, le doy los nco.

*

na mujer le dice a otra:
—Pues a Juanito le hemos puesto gafas.
—¡Vaya nombre más tonto!

*

Un hombre le dice a otro:
—¿Podría decirme el modo más rápido de llegar a una comisaría?
—Sí: entre en ese banco, y grite «¡Esto es un atraco!».

*

Un guía conduce a un grupo hasta el borde de un acantilado, y un hombre dice:
—¡Qué alto! ¿La gente se cae muchas veces por aquí?
—No, sólo una vez.

*

Un ladrón consigue huir de un cerco policial, y el comisario le pregunta a uno de los agentes:
—Pero, ¿no estaban vigiladas todas las salidas?
—Sí, pero él huyó por una de las entradas…

*

Un hombre le dice a otro:
—¿Te sabes el chiste de Otto?
—No.
—Otto que no se lo sabe.

*

Robin Hood se cruza con un pobr campesino, y le dice:
—Yo soy Robin Hood, que roba a lo ricos para dárselo a los pobres. Aquí tie nes esta bolsa de oro.
—¡Soy rico, soy rico!
Y Robin Hood le robó.

*

En un entierro, un hombre le dice a l viuda:
—Lo siento.
—No, no. Deje que siga tumbado den tro del ataúd.

*

Un vigía de un fuerte grita:

—¡Que vienen los indios, mi capitán!

—¿Y con qué intenciones?

—Bueno, están pintados, vienen cantando y llevan plumas en la cabeza, así es que yo diría que tienen ganas de fiesta.

*

Dos andaluces van andando por la selva, y uno dice:

—¡Una boa!

—¡Puej que vivan loj novio!

*

Una mujer le dice a su hijo:

—¡Eres un cotilla! ¿No sabes que la curiosidad mató al gato?

—¿Y qué quería saber el gato?

*

Un soldado le dice al cabo de guardia:

—Señor, no cabo en la trinchera.

—No es cabo, sino quepo.

—Como usted diga, mi quepo.

*

A un marino le preguntan:

—¿Cuántas anclas tiene un barco?

—Once.

—¡¿Cómo que once?!

—Sí. En las películas siempre dicen «eleven» anclas.

*

Entra una mujer en la oficina de reclutamiento, y dice:

—Yo quería alistarme en la Marina.

—Ajá. ¿Y sabe usted nadar?

—¿Nadar? ¿Para qué? ¿Es que no tienen barcos suficientes?

*

Un vigía que está en un fuerte dice:

—¡Capitán, que vienen los indios!

—¿Cuántos son?
—Ciento uno, señor.
—¿Cómo puede estar tan seguro?
—Porque va uno delante, y como cien detrás.

*

Un hombre le dice a otro:
—Por mil euros, me he comprado un loro que dice «Hola».
—Pues yo, por dos euros, me he comprado una lata que dice «Piña en almíbar de Costa Rica».

*

Después del parto, a una mujer le muestra la enfermera un par de gemelos. Y la mujer dice:
—Me quedo con el de la derecha.

*

Un hombre entra en una tienda, y dice:
—Quería una caja de preservativos.
—Me temo que se ha confundido. Esto es una tienda de productos navales.
—Pues por eso mismo.

*

Una patrulla de tráfico para a un conductor, y el policía le dice:
—¿No ha visto usted el Stop?
—Sí, pero no me creo todo lo que veo.

*

Un hombre le pregunta a otro:
—Y tú, ¿cómo te tomas el consomé?
—Con un huevo dentro.
—¡Iiishh, qué dolor!

*

Un viejo le dice a un amigo:
—Hoy me he levantado con un dolor tremendo en el brazo izquierdo.
—Eso es por la edad.
—Por la edad no será, porque el derecho es igual de viejo y no me duele.

*

Un hombre ve acercarse a lo lejos a un amigo, y se da cuenta de que camina de forma extraña, con las piernas demasiado arqueadas.

—Hola, Pepe. ¿Por qué andas así?

—El médico me ha dicho que tengo el colesterol por las nubes.

—¿Y eso qué tiene que ver con tu forma de andar?

—Es que me dijo también que, los huevos, ni tocarlos…

*

—¡Pero, hombre deje las uñas en paz!

—¿Y a usted qué le importa que las muerda?

—¡Deje «mis» uñas en paz!

*

Un hombre va al ministerio de trabajo, y le dice al un funcionario:

–A mí me han despedido por cuestiones sexistas.

–¿Ah, sí? ¿Y eso por qué?

–Porque mi jefe me dijo «Váyase usted a tomar por culo».

*

Un hombre está mirando a un recién nacido, y una mujer le pregunta:

–¿Es su hijo?

–No. Soy su padre.

*

–¿Qué hace un hombre con los brazos en cruz delante de un altar?

–Preguntándose cómo pudo haber confundido la laca con el desodorante.

*

Un hombre le pregunta a un amigo:

–¿Y qué? ¿María ha aceptado tu pedido de casamiento?

–Sí. Pero debo tener un poco de paciencia.

–¿Y eso?

–Me ha dicho que soy el último hombre con el que se casaría.

*

Una mujer le pregunta a una amiga:
—¿Y tú lo haces con condón?
—¿Con don quién?

*

Un hombre está mirando descaradamente a dos chicas que están en la playa, y una le pregunta:
—Pero, bueno, ¿tú qué coño quieres?
—Ah, ¿es que se puede elegir?

*

Un tonto le pregunta a un sordo:
—¿Dos por siete?
—Ocho.
—Por el culo te la hinco.

*

Un hombre llega a una parada de autobús, y le pregunta a otro:
—¿Hace mucho tiempo que espera?
—Yo nunca he sido una pera.

*

Un hombre le pregunta a un piloto:
—¿Este avión es de carga o de pasajeros?
—De carga.
—¿Y qué carga?
—Pasajeros.

*

Una mujer va a una comisaría, y le dice a un agente:
—¡Me han forzado sexualmente!
—¿Contra su voluntad, quiere decir?
—No, contra una pared.

*

Un pijo vuelve de viaje, y un amigo le pregunta:
—¿Y qué tal Egipto?
—¡Divino! Allí, hasta los ríos llevan Lacoste.

*

—Hijo, ¿le has cambiado el agua a los peces?

—¿Para qué? Si todavía no han terminado de beberse la que les puse ayer…

*

Un hombre le dice a otro:

—Y me cuenta usted que son dieciocho hermanos…

—Así es.

—Vaya… Pues tendrán a su madre en un pedestal, ¿no?

—Bueno, encima del armario, en realidad, porque, cada vez que se baja, mi padre se la tira.

*

En un cuartel, pasando revista, el capitán dice:

—Presenten armas.

—Mi capitán, éste es mi fusil. Fusil, éste el capitán.

*

—¿Cómo se llama?

—Bienvenido.

—¡Anda, igual que mi felpudo!

*

Un policía le dice a un ladrón:

—Y usted dice que no le robó el reloj a esta señora, sino que ella se lo dio, verdad?

—Así es

—¿Y cuándo se lo dio?

—Justo después de amenazarla con mi pistola.

*

Una mujer le dice a su hija:

—Me han dicho en la pescadería que andas acostándote con tu novio…

—¡Ay, qué chismosa es la gente! Una se acuesta con un tío cualquiera, y ya dicen que es tu novio.

*

Un hombre le dice a su mujer:
—María, ¿puedes traerme una manzana?
—¿Te la pelo?
—Bueno... Pero luego me traes la manzana, ¿vale?

* * *

VARIOS

—¿Cómo se llama el último libro de Salman Rushdie?
—Buda, gordo de mierda.

*

El conductor de un coche le pregunta a un transeúnte:
—¿Antequera?
—Antes era carpintero, pero ahora estoy en paro.

*

Dos adivinos se cruzan en la calle, y uno le dice al otro:
—Buenos días. Usted está bien. ¿Cómo estoy yo?

*

—Me da la impresión de que vamos a entendernos muy bien.
—¿Qué?

*

Dos hombres van por el campo, y uno se cuela de repente en un profundo agujero.
—¿Pepe, te has hecho daño?
—¡Todavíaaaa noooo!

*

—Y tú, ¿de dónde eres?
—De Madeira.
—¡Anda, igual que Pinocho!

*

Un jorobado se cruza con un calvo, y éste le pregunta con sorna:

—Eh, ¿qué llevas en la mochila?

—¡Tu peine, pedazo de gilipollas!

*

—Voy a contarte un cuento: «Érase una vez un wáter que había en un bar». ¿Te ha gustado?

—La verdad es que no.

—Pues la gente se meaba…

*

—¡Eres un gallina!

—¿Qui, qui, qui, quieres que te parta la cara?

*

Van dos ciegos por la calle, en un caluroso día de verano, y uno dice:

—Ya podría llover…

—¡Toma, y yo también!

*

Un hombre y una mujer acaban de conocerse, y él le pregunta:

—¿A qué te dedicas?

—Soy funcionaria. ¿Y tú?

—Oh, yo tampoco trabajo.

*

El chiste más corto del mundo: Imagine a un señor dentro de un wáter, y otro que intenta entrar.

—¿Eh?

—¡Oh!

—Ah.

*

—¿Qué significa la sigla ADN?

—Asociación Nacional de Disxicos.

*

—¿Tú sabes que significa «Why» en inglés?
—Por qué.
—No, hombre, era sólo por saberlo.

*

Un hombre le pregunta otro que tiene noventa y ocho años:
—Y usted, Enrique, ¿cómo ha conseguido llegar a esa edad?
—Porque no discuto nunca.
—Vamos, hombre. No será por eso.
—Pues no será.

*

—Mi marido está como pez en el agua en el ministerio.
—¿Ah, sí? ¿Qué hace?
—Nada.

*

Un hombre que está intentando ligar con una mujer, le pregunta:
—Y tú, ¿estudias o trabajas?
—¿Mande?
—No, decía, que en qué trabajas.

*

En un castillo medieval, dos guardias:
—¡Ah de la almena!
—¡B de la botella!

*

—Aladino, haz que salga tu genio.
—¡Me cago en tu puta madre!

*

Un hombre le pide a su jefe un día libre, diciendo que piensa casarse, y el jefe le esponde:

—Pero usted es feo, gana poco dinero y nunca va a llegar a nada en la vida. ¿Qué lase de idiota estaría dispuesta a casarse con alguien así?

—Su hija, señor.

*

Jn hombre llega tarde al trabajo, y al encontrarse con su jefe le dice:
—Lo siento, he dormido más de la cuenta…
—Ah, ¿pero también duerme en casa?

*

l editor de un periódico le pregunta a un periodista suyo:

—Oye, Juan, ¿qué hay de esa historia sobre un hombre que es a la vez tenor y ajo?

—Oh, al final no había ningún misterio; el hombre tiene dos cabezas.

*

Jn hombre llama a la puerta de la casa de un pianista, y le dice:
—Señor, he venido a afinar su piano.
—Pero, ¿si yo no he pedido un afinador?
—Usted no, pero sus vecinos sí.

*

Jna mujer le dice a otra:
—¡Qué casualidad! Acabo de cruzarme con tu marido, pero no me ha visto.
—Sí, ya me lo ha dicho.

*

n hombre le pregunta a otro:

—¿Sabía que a un idiota pueden ocurrírsele preguntas cuya respuesta puede norar el más sabio?

—No, no lo sabía.

*

Una profesora le pregunta a un alumno:
—Jorgito, ¿el mundo es plano o redondo?
—Ni plano, ni redondo. Mi padre siempre dice que es una mierda.

*

Un alumno le pregunta a su profesora:
—Señorita, ¿usted sería capaz de castigarme por algo que no haya hecho?
—No, claro que no.
—Pues entonces debe saber que no he hecho los deberes.

*

Una mujer abre la persiana de l habitación, y le dice a su hijo:
—Vamos, Carlos, tienes que ir a colegio.
—Oh, mamá, los profesores m odian y los alumnos también ¿Dime por qué tengo que ir?
—Porque tienes cuarenta años eres el director.

*

Un genio mágico se le aparece un negro en el desierto, y le ofrece tres deseos, a lo que éste responde:
—Quiero ser blanco, beber mucha agua y ver muchos culos.
Entonces el genio lo convirtió e un wáter.

*

Un hombre acaba de leer una noticia en el periódico, y le dice a su mujer:
—¿Te acuerdas de ese hombre que tuvo un accidente y que se quedó sin brazo y sin piernas?
—Sí.
—Pues ya se encuentra bien.

*

Un hombre encuentra en su desván un viejo violín y un cuadro antiguo, y los lleva a un anticuario, que le dice:

—Tiene usted aquí un Dalí y un Stradivarius.

—¡¿Entonces soy rico?!

—No, el violín lo hizo Dalí, y Stradivarius pintó el cuadro.

*

—El libro más corto del mundo: «Distintas formas de pronunciar Ana».

*

—Cada minuto que pasa, una mujer trae un niño al mundo... ¡Hay que hacer que esa mujer se detenga!

*

Noticia: «Una cisterna cargada de pegamento ha tenido un accidente en la autopista. Se recomienda a los conductores que circulen pegados al arcén».

*

Dos hombres se cruzan, y uno le pregunta a otro:

—¿Por qué lleva sólo un guante? ¿Se le ha perdido el otro?

—No. Me he encontrado este.

*

—Un borracho disléxico entra en un bra...

*

Noticia: «Ayer por la tarde cremaron al famoso chef Pierre Larroux. El acto duró treinta minutos en la posición dos del horno».

*

Un niño le dice a otro:

—Mi profesora habla sola, ¿y la tuya?

—La mía también, pero ella cree que la escuchamos.

*

Después de un desastroso torneo de golf, un hombre que había participado en torneo le dice a su caddie:

—Usted debe de ser el peor caddie del mundo.

—No lo creo, señor. Eso sería demasiada coincidencia.

*

Un hombre le dice a otro:
—El otro día conocí a su vecino.
—Oh, sí… Un hombre extraordinario.
—Dijo que usted era un ladrón y un mentiroso.
—Bueno, quizá estemos los dos confundidos.

*

Una mujer va a la firma de autógrafos de un escritor, y le dice:
—Me ha encantado el libro. ¿Quién lo escribió por usted?
—Me ha alegro de que le haya gustado. ¿Quién dice que se lo leyó…?

*

Un hombre empieza a reírse él solo, y otro que está a su lado le pregunta:
—¿Por qué te ríes?
—Oh, por nada. Estaba sólo pensando una cosa.
—Tienes razón. Es gracioso.

*

Un hombre ve que otro pasa corriendo por delante de él, y le pregunta:
—¿Qué hace?
—Estoy intentando evitar una pelea.
—¿Entre quienes?
—Entre ese bestia que me persigue y yo.

*

Un hombre le pregunta a un amigo:
—¿Qué tal tu trabajo en la agencia de viajes?
—Fatal. Creo que allí no voy a llegar a ningún sitio.

*

—Noticia: «Estudios recientes demuestran que la investigación oncológica provoca cáncer en las cobayas».

*

Una mujer entra en el salón, ve a su marido con un matamoscas y le pregunta
—¿Qué? ¿Has matado alguna?
—Sí. A dos machos y a tres hembras.
—¿Cómo has podido distinguirlos?
—Había dos en la lata cerveza, y tres encima del teléfono.

*

Dos ladrones están en una casa robando cuando oyen las sirenas de la policía. Y uno de ellos dice:

—Tenemos que huir. ¡Vamos! ¡Saltemos por la ventana!

—Pero, ¡si estamos en un piso trece!

—¡No es el momento de ser supersticioso!

*

En una fiesta, un hombre ve de espaldas a una mujer, y le pregunta:

—¿Bailas?

Ella se da la vuelta. Resulta que es feísima, y le dice:

—Sí.

—Así me gusta; que te diviertas.

*

El ejército acaba de adquirir un ordenador último modelo, y un capitán pregunta:

—¿A qué distancia se encuentra el enemigo?

—A doscientos.

—¿A doscientos, qué?

—A doscientos, ¡señor!

*

Un tendero cansado de su profesión se hace policía. Tres meses después, un amigo le pregunta:

—¿Qué tal?

—Bien: la paga no esta mal y el horario es bueno, y lo mejor es que aquí el cliente nunca tiene la razón.

*

En un callejón oscuro, un hombre aborda a otro y le dice:

—¿No podrá usted darle algo a un pobre hombre que no tiene nada en el mundo salvo esta pistola?

*

Un hombre va a una comisaría, y le dice al comisario:
—Verá, me gustaría hablar con el ladrón que entró anoche en mi casa.
—¿Para qué?
—Para saber cómo consiguió hacerlo sin despertar a mi mujer?

*

Dos coches se cruzan, y el conductor de uno de ellos grita:
—¡Cerdo!
—¡Cabrón!
Y el segundo conductor se estrelló contra un cerdo que había en medio de la carretera.

*

Dos hombres tienen un accidente con sus coches. Uno de ellos nota que el otr está muy nervioso, y le ofrece un trago de una petaca. Después de echar un bue trago, pregunta:
—¿Y usted no bebe?
—Sólo después de que se marche la policía…

*

Un encuestador le pregunta a un hombre:
—¿Si le doy diez euros, me contesta a diez preguntas?
—Sí, claro. ¿Dígame las otras nueve?

*

Una mujer está besándose apasionadamente con un pintor, cuando oye abrirse la puerta de su casa:

—¡Dios mío, es mi marido!

—Date prisa, ¡desnúdate!

*

En un fusilamiento, el oficial grita:

—¡Fuego a discreción!

Y discreción fue acribillado.

*

—OY IC KK.

*

Van unos pedos por el intestino, y el de delante va avisando:

—A la izquierda, a la derecha, a la izquierda… ¡Cuidado, un agujero!

*

Un hombre le dice a otro:

—Ayer comí un almuerzo ovíparo.

—Querrás decir opíparo.

—No. Es que me costó un huevo…

*

En una boda, un hombre dice:

—¡Mira que es fea la novia!

—Pero, ¡¿cómo se atreve a decir eso de mi hija!?

—Perdón. No sabía que usted fuera su padre.

—¡Soy su madre, idiota!

*

Un hombre entra en una librería, y dice:

—Querría un libro sobre cómo hacer amigos, cabrón de mierda.

*

Van dos globos por el desierto, y uno le dice a otro:

—¡Cuidado con el catusssss!

—¿Quésssss?

*

Éste era un hombre que, cada dos por tres, seis.

*

El hijo de Hércules llega a casa, y éste le dice:
—Bésame Herculín.

*

Anuncio: «Se dan clases de hortografía».

*

Un cero y un ocho van paseando por la calle, cuando el cero le dice al ocho:
—¿No crees que deberías aflojarte un poco el cinturón?

*

Un hombre se acerca a un policía, y dice:
—¡Venga deprisa, están pegando a mi padre!
—¿Cuál de ellos dos es su padre?
—No lo sabemos. Por eso están pegándose.

*

Un hombre le dice a un amigo:
—Estuve siete horas posando para un pintor, y me ha hecho este retrete.
—Querrás decir retrato.
—No. ¿Has visto qué cara de culo me ha puesto?

*

La Luna estaba completamente llena… y acabó vomitando.

*

Epitafio en la tumba de un hombre extremadamente vago: «Que siga descansando en paz».

*

Anuncio en la sección de contactos: «Hombre invisible busca mujer transparente para hacer cosas nunca vistas».

*

Un 101 entra en una fiesta de ceros, y dice:
—Aquí estoy yo, con estas dos flacuchas.

*

Dos medio sordos están hablando por teléfono, y uno dice:
—No te oigo muy bien…
—Sí, sí, yo también voy.

*

—Ojo por ojo, jejentayjuatro.

*

Dos amigos calvos se encuentran por la calle, y uno le dice a otro:
—¡Hombre, hace un mes que no te veo el pelo!

*

Están cuarenta mil chinos jugando al fútbol dentro de una cabina de teléfono cuando uno marca un gol, y el portero dice:
—¡Así no puede ser, hombre! ¡Es que me dejáis solo?

*

Van dos granos de arena por una playa, y uno le dice al otro:
—Tengo la extraña sensación de que no estamos solos.

*

Un niño le pregunta a otro:
—¿Y tú padre a qué se dedica?
—Es tetete-tetete-te-legrafista.

*

Un niño le dice a su abuelo:
—Abuelo, estás gordo, ¿eh?
—Como una tapia, hijo, como una tapia.

*

Un cobrador llega a una casa, y le pregunta a un niño:
—¿Está tu papá?

—No.
—¿Y tú mamá?
—¡Mamá!, ¿tú tampoco estás?

*

Un boxeador está recibiendo una paliza terrible. Cuando suena la campana, se sienta y pregunta a su entrenador:
—¿Cómo vamos?
—Bueno, si lo matas, empatamos.

*

Un ladrón se pone delante de un hombre, y dice:
—¡Levante las palmas!
—Pues yo diría que una X.

*

Si un aficionado del Real Madrid y otro del Barcelona se van de bares y vuelven de madrugada, ¿quién conduciría de vuelta?
—El del Barcelona, porque tiene muchas copas de menos.

*

Una patrulla de tráfico para a un hombre que va a 300 km/h, y le dicen:
—El carné, por favor.
—Pero, si se lo han quedado unos compañeros suyos que me han parado más atrás. ¡¿No me digan que lo han perdido?!

*

Van a ejecutar a dos condenados a muerte, uno comunista y el otro no, y el alguacil le pregunta al que va primero:
—¿Cuál es su última voluntad?
—Escuchar el último discurso de Fidel Castro.
—Y usted —le dice alguacil al otro reo—, ¿tiene alguna última voluntad?
—Sí, que me maten a mí primero.

*

Un español entra en una farmacia de Londres y, como no sabe hablar en inglés dice muy lentamente:
—¿Hay am-po-llas?
—Good mor-ning mis-ter po-llas.

*

Dos hombres están en un ascensor, y uno dice:

—Por favor, ¿le importaría tirarse un pedo para mí?

—Bueno, la verdad es que acabo de tirarme uno…

—Sí. ¡Pero ése era para su puta madre!

*

Un estudiante acaba de enterarse de que ha suspendido todas en su primer año en la universidad. Entonces, manda un telegrama a su casa, que dice: «Mamá, no he aprobado ninguna. Por favor, prepara a papá». Un rato después le llega un mensaje de contestación: «Papá ya está preparado. Ahora, prepárate tú…».

*

Un hombre le dice a su novia:

—Esos dientes tuyos de marfil darían para hacer un hermoso collar.

—Efo penfó mi antefiod nofio.

*

Jna secretaría le dice a su jefe:

—Tengo dos noticias que darle: una buena y una mala.

—¿Cuál es la buena?

—Que usted no es estéril.

*

Jn funcionario está charlando con otro, y le dice:

—Pues nuestro jefe es un tirano; nos hace trabajar por diez.

—¿Y cuántos sois en tu departamento?

—Veinticinco.

*

Jn hombre que va a ver a un adivino llama a la puerta, y desde dentro pre-untan:

—¿Quién es?

—¡Pues vaya mierda de adivino…!

*

Jn hombre le pregunta a otro:

—¿Has oído ese chiste sobre las estadísticas?

—Probablemente.

*

Un hombre va a un circo en busca de trabajo, y el dueño le pregunta:
—¿Y usted qué sabe hacer?
—Pues yo imito a los pájaros.
—Eso lo sabe hacer todo el mundo.
—Oh, bueno. En ese caso...
Y el hombre se fue volando.

*

Dos vectores libres se encuentran en el espacio, y uno le dice a otro:
—Perdona, ¿tienes un momento?

*

Un hombre está pidiendo limosna, y dice:
—¿Podría darme cinco euros para poder ir a encontrarme con mi familia?
—Pero, ¿dónde está su familia?
—En el cine.

*

Un hombre muy feo ve a una niñita llorando, y le dice:
—No llores, bonita; que, si no, vas a ponerte muy fea.
—¡Pues menudo disgusto que debió pillarse usted!

*

Un hombre le dice a su mujer:

—Cariño, estoy orgulloso de ti; sólo has estado quince minutos hablando por teléfono. Dime, ¿quién era?

—Oh, uno que se ha confundido.

*

Un hombre aprueba las oposiciones con el número uno, y en la entrevista con un funcionario superior, éste le dice:

—Tengo entendido que el señor está castrado.

—Así es. ¿Eso supone algún problema?

—Bueno... No sé qué va a hacer usted todo el día, porque en el ministerio nos pasamos el tiempo tocándonos los cojones...

*

Noticia: «Se ha descubierto un remedio infalible contra el sida. El nitrato de meterla».

*

Una mujer le dice a su abuelo:

—Abuelo, cuando venga Pepe va usted a ver...

—¿Por qué, hija, si yo no he hecho nada?

—Es que se ha llevado sus gafas.

*

Un hombre le pregunta otro:

—¿Por dónde andan tus hijos siameses, que hace mucho que no les veo?

—Se han ido a Inglaterra por un tiempo.

—¿Y eso?

—Es que el de la derecha quería sacarse el carné de conducir.

*

Dice un hombre en el campo:
—Me aburro.
Y el burro le meó encima.

*

Caperucita se encuentra con el lobo, y le pregunta:
—Lobo feroz, lobo feroz, ¿por qué tienes los ojos tan grandes?
—¡¿Te importa dejarme cagar a gusto, niña?!

*

Unos marcianos llaman a la puerta de un sordo, y le dicen:
—Venimos de Marte.
—¿Que viene de parte de quién?

*

—Cuando uno lee diez mil chistes cortos, los chistes dejan de hacerle gracia.

*

Otros títulos de Samuel Red:

Los mejores chistes del mundo

Samuel Red

Un desternillante recorrido por el humor y la sátira de todos los ámbitos y de todas las épocas.

El autor lleva a cabo en este libro, indispensable para los buenos amantes del humor, una extensa y variopinta incursión en los chistes más cómicos y populares de los más variados lugares de este mundo.

Los mejores chistes del mundo 2

Samuel Red

¿Reíste leyendo el primer volumen? Entonces, la segunda parte te encantará.

En este libro, el autor continúa su particular e inestimable terapia de la risa con los chistes más divertidos de todas las épocas y de todos los géneros.

Los mejores chistes del mundo 3

Samuel Red

Ya lo dice el refrán: no hay dos sin tres. Si te reíste con el primero, si creías que no se podía superar el segundo, volvemos a sorprenderte. *Los mejores chiste del mundo 3* te pondrá al día de los chistes más novedosos y actualizados que Samuel Red, pluma en ristre, ha recopilado para ti en un incansable trabajo a base de disfrutar en tertulias, corrillos y en cualquier otro lugar donde reine el buen humor.

Los mejores chistes del mundo laboral

Samuel Red

Si tu vida laboral es una Navidad continua (tú trabajas y el Gordo se lleva el mérito). Si te has plantado alguna vez ante tu jefe para pedirle un aumento de sueldo... y ha pensado que era un chiste. Si llevas años en el paro y no buscas trabajo por no perder la antigüedad. Si al llamar por teléfono desde casa marcas primero el cero de la centralita. Si eres funcionario, becario, secretaria, directivo, enchufado, consultor, jefe de marketing, informático... éste es tu libro.

Los mejores chistes sobre la autoridad

Samuel Red

Este libro recoge un loco anecdotario de aventuras policiales; historias de una de las parejas más famosas de toda la historia, la de la Guardia Civil; situaciones cómicas que suceden en todos los ejércitos del mundo y, como no, algunos de los últimos chistes que se cuentan de dictadores como Franco, Hitler o Stalin. A ellos no les haría ni pizca de gracia pero si el humor es un arma defensiva, aquí podrá encontrar todo un arsenal... de risas.

Las mejores citas de provocación

Samuel Red

Una selección de las mejores citas y frases célebres de todos los tiempos, encaminadas a repartir a diestro y siniestro. Oscar Wilde, Lewis Hamilton, Truman Capote, Albert Einstein, Winston Churchill o Alaska pueden ser un buen ejemplo de ello.

Si le impactó que Jiménez Losantos llamase Hijo de Satanás a Gallardón, vaya con cuidado porque en este libro hay acusaciones mucho más fuertes. La única consigna está clara: contra todo.

Los mejores chistes insolentes

Samuel Red

En estas páginas se multiplican los chistes y ocurrencias de los temas más variados. La guerra de sexos, las relaciones de pareja y familiares, el sexo puro y duro, el machismo y el feminismo, incluso la religión, están representados en este libro, y a ellos podemos recurrir en cualquier momento, tanto para reírnos nosotros mismos como para provocar la carcajada y distraer a quienes nos rodean, en reuniones o veladas de todo tipo.

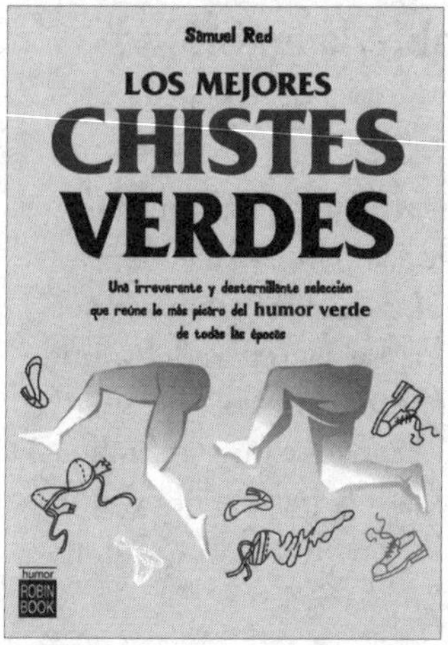

Los mejores chistes verdes

Samuel Red

Un poco de sexo y humor son los mejores ingredientes para desencadenar una sonora carcajada ante cualquier audiencia... Si el sexo es universal, el humor verde no iba a ser menos... Samuel Red nos ofrece una buena prueba de ello, con este desternillante libro la mejor recopilación de los chistes verdes más picantes y divertidos, tocando todas las épocas y todos los géneros.

Nuevos chistes verdes

Samuel Red

El verdadero remedio contra la crisis y la depresión. Un poco de humor picante siempre viene bien y es la mejor manera de hacer que a uno le suba el ánimo y así poder capear los temporales, sobre todo en tiempos de vacas flacas, cuando la crisis está por doquier y la moral por los suelos.